MATER POPULI FIDELIS

Dicasterio para la Doctrina de la Fe

Mater Populi
Fidelis

La Madre del Pueblo fiel

Nota doctrinal sobre algunos títulos
marianos referidos a la cooperación
de María en la obra de la salvación

SAN PABLO

© SAN PABLO 2025
    Protasio Gómez, 11-15. 28027 Madrid
    Tel. 917 425 113
    secretaria.edit@sanpablo.es - www.sanpablo.es
© Administración del Patrimonio de la Sede Apostólica 2025
© Dicasterio para la Comunicación - Librería Editrice Vaticana 2025

Distribución: SAN PABLO. División Comercial
Resina, 1. 28021 Madrid
Tel. 917 987 375
ventas@sanpablo.es
ISBN: 978-84-285-7476-1
Depósito legal: M. 25.883-2025
Impreso en Artes Gráficas Gar.Vi. 28970 Humanes (Madrid)
Printed in Spain. Impreso en España

Presentación

La presente *Nota* responde a numerosas consultas y propuestas que llegaron a la Santa Sede en las últimas décadas –particularmente a este Dicasterio– sobre cuestiones relacionadas con la devoción mariana y sobre algunos títulos marianos. Son cuestiones que han preocupado a los últimos pontífices y que han sido repetidamente tratadas en los últimos treinta años en los diversos ámbitos de estudio del Dicasterio, como congresos, asambleas ordinarias, etc. Esto ha permitido a este Dicasterio contar con un abundante y rico material que alimenta esta reflexión.

El texto, al mismo tiempo que clarifica en qué sentido son aceptables, o no, algunos títulos y expresiones que se refieren a María, se propone profundizar en los adecuados fundamentos de la devoción mariana precisando el lugar de María en su relación con los creyentes, a la luz del Misterio de Cristo como único Mediador y Redentor. Esto implica una profunda fidelidad a la identidad católica y, al mismo tiempo, un particular esfuerzo ecuménico.

El eje que atraviesa todas estas páginas es *la maternidad de María con respecto a los creyentes,* cuestión que aparece reiteradamente, con afirmaciones que se retoman una y otra vez, enriqueciéndolas y completándolas, a modo de espiral, con nuevas consideraciones.

La devoción mariana, que la maternidad de María provoca, es presentada aquí como un tesoro de la Iglesia. La piedad del Pueblo fiel de Dios que encuentra en María refugio, fortaleza, ternura y esperanza, no se contempla para corregirla sino, sobre todo, para valorarla, admirarla y alentarla; dado que esta es una expresión mistagógica y simbólica de una actitud evangélica de confianza en el Señor que el mismo Espíritu Santo suscita libremente en los creyentes. De hecho, los pobres «encuentran la ternura y el amor de Dios en el rostro de María. En ella ven reflejado el mensaje esencial del Evangelio»[1].

---

[1] Consejo Episcopal Latinoamericano, *V Conferencia General del Episcopado Latinoamericano y del Caribe* (Aparecida, 13-31 de mayo de 2007), 265. Citado en el n. 78 de esta *Nota*.

Al mismo tiempo, existen algunos grupos de reflexión mariana, publicaciones, nuevas devociones e incluso solicitudes de dogmas marianos, que no presentan las mismas características de la devoción popular, sino que, en definitiva, proponen un determinado desarrollo dogmático y se expresan intensamente a través de las redes sociales despertando, con frecuencia, dudas en los fieles más sencillos. A veces se trata de reinterpretaciones de expresiones utilizadas en el pasado con diversos significados. Este documento tiene en cuenta estas propuestas para indicar en qué sentido algunas responden a una devoción mariana genuina e inspirada en el Evangelio, o en qué sentido otras deben ser evitadas porque no favorecen una contemplación adecuada de la armonía del mensaje cristiano en su conjunto.

Por otra parte, en diversos pasajes de esta *Nota* se ofrece un amplio desarrollo bíblico que ayuda a mostrar cómo la auténtica devoción mariana no aparece solamente en la rica tradición de la Iglesia sino ya en las Sagradas Escrituras. Esta destacada impronta bíblica está acompañada por textos de los padres y doctores de la Iglesia y de los últimos pontífices. De este modo, más que proponer límites, la *Nota* busca acompañar y sostener el amor a María y la confianza en su intercesión materna.

Víctor Manuel Card. Fernández
Prefecto

Introducción

1. [*Mater Populi fidelis*] La Madre del Pueblo fiel[2] es contemplada con afecto y admiración por los cristianos porque, si la gracia nos vuelve semejantes a Cristo, María es la expresión más perfecta de su acción que transforma nuestra humanidad. Ella es la manifestación femenina de todo cuanto puede obrar la gracia de Cristo en un ser humano. Ante semejante hermosura, movidos por el amor, muchos fieles han procurado siempre referirse a la Madre con las palabras más bellas y han exaltado el lugar peculiar que ella tiene junto a Cristo.

2. Recientemente, este Dicasterio ha publicado las *Normas para proceder en el discernimiento de presuntos fenómenos sobrenaturales*[3]. Es fre-

---

[2] Cf S. AGUSTÍN, *De sancta virginitate*, 6: PL 40, 399.
[3] DICASTERIO PARA LA DOCTRINA DE LA FE, *Normas para proceder en el discernimiento de presuntos fenómenos sobrenaturales* (17 de mayo de 2024): AAS 116 (2024), 771-794.

cuente que, en relación con dichos fenómenos, se utilicen determinados títulos[4] y expresiones referidas a la Virgen María. Esos títulos, algunos de los cuales ya aparecen en los santos Padres, no siempre se utilizan con precisión; a veces se cambia su significado o se pueden malinterpretar. Además de los problemas terminológicos, algunos títulos presentan dificultades importantes en cuanto al contenido porque, con frecuencia, se produce una comprensión errónea de la figura de María que tiene serias repercusiones a nivel cristológico[5], eclesiológico[6] y antropológico[7].

3. El principal problema, en la interpretación de estos títulos aplicados a la Virgen María, es cómo se entiende la asociación de María en la obra redentora de Cristo, es decir, «¿cuál es el significado de esa singular cooperación de María en el plan de la salvación?»[8]. El presente

---

[4] En algunos de estos fenómenos, o apariciones, la Virgen María es denominada con títulos como Corredentora, Redentora, Sacerdote, Mediadora, Mediadora de todas las gracias, Madre de la gracia, Madre espiritual, etc.

[5] Cf S. Pablo VI, Exhort. ap. *Marialis cultus* (2 de febrero de 1974), 26: *AAS* 66 (1974), 136-139.

[6] Cf *ib*, 28: *AAS* 66 (1974), 139-141.

[7] Cf *ib*, 37: *AAS* 66 (1974), 148-149.

[8] S. Juan Pablo II, *Audiencia general* (9 de abril de 1997), 3: *L'Osservatore Romano,* 10 de abril de 1997, 4.

documento, sin querer agotar la reflexión ni ser exhaustivo, intenta preservar el equilibrio necesario que, dentro de los misterios cristianos, debe establecerse entre la única mediación de Cristo y la cooperación de María en la obra de la salvación, y pretende mostrar también cómo esta se expresa en diversos títulos marianos.

La cooperación de María en la obra de la salvación

4. Tradicionalmente, la cooperación de María en la obra de la salvación se ha afrontado desde una doble perspectiva: desde su participación en la Redención *objetiva*, realizada por Cristo durante su vida y particularmente en la Pascua, y desde el influjo que ella tiene *actualmente* sobre los que han sido redimidos. En realidad, estas cuestiones están interrelacionadas y no pueden considerarse de manera aislada.

5. Esta participación de María en la obra salvadora de Cristo está atestiguada en las Escrituras, que presentan el acontecimiento salvador realizado en Jesucristo como una *promesa*, en los escritos veterotestamentarios, y como una *realización*, en el Nuevo Testamento. Así, María se vislumbra en Gén 3,15 porque es la Mujer que participa en la victoria

definitiva contra la serpiente. Por eso no llama la atención que Jesús se dirija a María con la denominación de «Mujer» en la escena del Calvario (Jn 19,26). También en Caná, Jesús la llama «Mujer» (Jn 2,4) remitiendo a María y a su función, junto con Él, en la «Hora» de la cruz.

6. Allí, en la «Hora», aparece la cooperación de María, que vuelve a dar el «sí» de la Anunciación y, en ese momento sagrado, el Evangelio pasa de colocar en los labios de Jesús la palabra «Mujer» (Jn 19,26) a presentarla como «Madre» (Jn 19,27). Cuando el Evangelio explica que, como respuesta, el discípulo que nos representa a todos la recibió, utiliza un verbo *(lambanō)* que en el Evangelio asume el sentido de «acoger» desde la fe (cf Jn 1,11-12; 5,43 y 13,20). Es el mismo verbo que utiliza el cuarto evangelio para expresar que la Luz vino a los suyos y ellos no la «acogieron» (Jn 1,11). Es decir, el discípulo que ocupaba nuestro lugar junto a María, la acogió como madre en la fe. Solo después de entregarnos a María como madre, Jesús reconocerá que «ya todo estaba cumplido» (Jn 19,28). Esta solemne alusión al cumplimiento impide interpretar el episodio de

un modo superficial. La maternidad de María con respecto a nosotros forma parte del cumplimiento del plan divino que se realiza en la Pascua de Cristo. En un sentido semejante, el Apocalipsis presenta a la «Mujer» (Ap 12,1) como madre del Mesías (cf Ap 12,5) y como madre del «resto de sus hijos» (Ap 12,17).

7. Conviene recordar que María de Nazaret puede ser considerada el «testigo privilegiado»[9] de los hechos de la infancia de Jesús[10] que aparecen en los evangelios (cf Lc 1-2; Mt 1-2). En el prólogo de su evangelio, Lucas advierte a sus lectores: «Puesto que muchos han emprendido la tarea de componer un relato de los hechos que se han cumplido entre nosotros, como nos los transmitieron los que fueron desde el principio testigos oculares», él también decidió «investigarlo todo diligentemente desde el principio» (Lc 1,1-3). Entre esos testigos oculares se destaca María, protagonista directa de la concepción, nacimiento e infancia del Señor Jesús. Lo mismo se puede decir de los relatos

---

[9] Papa Francisco, *Homilía del Jubileo extraordinario de la Misericordia: Santa Misa y apertura de la Puerta santa* (8 de diciembre de 2015): *AAS* 108 (2016), 8.

[10] Cf S. Juan Pablo II, Carta enc. *Redemptoris Mater* (25 de marzo de 1987), 26: *AAS* 79 (1987), 396.

de la pasión, ya que su madre estaba «junto a la cruz de Jesús» (Jn 19,25), y esperando Pentecostés, cuando los apóstoles estaban en «oración, junto con algunas mujeres y María, la madre de Jesús» (He 1,14).

8. En el evangelio de Lucas, María es la nueva Hija de Sion que recibe y transmite la *alegría* de la salvación. Lucas recoge las promesas proféticas que anunciaban la alegría mesiánica (cf Sof 3,14-17; Zac 9,9). En ella se cumplen las promesas que hacen saltar de gozo a Juan el Bautista (cf Lc 1,41). Isabel se presenta como indigna de recibir la visita de María: «¿Quién soy yo para que me visite la *madre* de mi Señor?» (Lc 1,43). Isabel no dice «¿Quién soy yo para que me visite mi Señor?». Se refiere directamente *a la madre,* con lo cual podemos advertir la conexión inseparable entre la misión de Cristo y la de María. Isabel habla llena del Espíritu Santo (cf Lc 1,41), de modo que su actitud ante María se presenta como un modelo de fe. Las siguientes palabras que ella dice, movida por el Espíritu, son: «¡Bendita tú entre las mujeres, y bendito el fruto de tu vientre!» (Lc 1,42). Llama la atención que, bajo la acción del Espíritu, no le baste llamar «bendito»

a Jesús, sino que también llama «bendita» a la madre. Los contempla íntimamente unidos en este momento de gozo mesiánico. María aparece aquí como la «Feliz» por excelencia: «Feliz la que ha creído» (Lc 1,45); «se alegra mi espíritu» (Lc 1,47); «me llamarán feliz todas las generaciones» (Lc 1,48). Esto adquiere mayor importancia si se advierte que, en el evangelio de Lucas, esta felicidad no aparece como un estado de ánimo sino como el cumplimiento de las promesas mesiánicas en los pequeños (cf Lc 6,20-22), que tienen una recompensa grande en el cielo (cf Lc 6,23).

9. En los primeros siglos del cristianismo, los santos Padres se interesaron principalmente por la maternidad divina de María (*Theotokos*), por su virginidad perpetua (*Aeiparthenos*), su perfecta santidad, libre de pecado a lo largo de toda su vida (*Panagia*) y por su función de nueva Eva[11], concentrando en el misterio de

----

[11] La relación que aparece en los textos de san Pablo entre Adán y Cristo (Rom 5,18-19 y 1Cor 15,22) sirvió a los santos Padres para establecer el paralelo Eva-María. Por ejemplo, S. JUSTINO, *Dialogus cum Tryphone*, 100, 5-6: PG 6, 710CD-711A; S. IRENEO DE LYON, *Adversus haereses*, III, 22, 4: PG 7/1, 959C-960A; TERTULIANO, *De carne Christi*, 17, 5: PL 1, 782B. Ese paralelismo antitético Eva-María es el primer acercamiento de los santos Padres al tema de la cooperación de la Virgen en la obra redentora de Cristo: si Eva trajo la perdición, la fe de María nos trajo la salvación. La gran abundancia de testimonios en la

la Encarnación la reflexión sobre la asociación de María a la Redención de Cristo. El «sí» de María ante el saludo del arcángel san Gabriel, para que el Verbo de Dios se hiciese carne en su vientre (cf Lc 1,26-37), da al ser humano la posibilidad de ser divinizado. Por eso, san Agustín llama a la Virgen «cooperadora» en la Redención, subrayando tanto la acción de María junto a Cristo como su subordinación a Él, porque María coopera con Cristo para que nazcan «en la Iglesia los fieles»[12] y, por eso, la podemos llamar *Madre del Pueblo fiel*.

10. Durante el primer milenio, la reflexión sobre la Virgen María en la Iglesia remite a la liturgia. La gran y rica diversidad de las tradiciones litúrgicas del Oriente cristiano quiso ser un eco fiel de las Sagradas Escrituras, de los concilios y de los padres de la Iglesia. La *lex orandi* que se transformó en *lex credendi*, configura la mariología oriental desde la himnografía, la

---

patrística, sobre el tema de la Virgen como nueva Eva, ofrece elementos interesantes desde el punto de vista teológico: a) *María y la mujer*, porque en María la mujer retoma su esplendor primitivo y encuentra su cumplimiento definitivo; b) *María y Cristo* como esposa-socia, que constituye con su Hijo el binomio ejemplar y salvífico de la recapitulación o restauración mesiánica; c) *María y la Iglesia*, estableciéndose en María una doble relación con la Iglesia, la de ejemplaridad, como prototipo, y la de Madre de la Iglesia.

[12] S. Agustín, *De sancta virginitate*, 6: PL 40, 399.

iconografía y la piedad popular[13]. Por ejemplo, a partir del siglo V se establecen en Oriente las fiestas marianas que después, en el siglo VII, pasaron a Occidente. La participación de la Madre de Dios en la obra de la salvación se conmemora no solo en las anáforas y liturgias eucarísticas de las Iglesias orientales sino, sobre todo, a través de los textos himnográficos utilizados en las Horas canónicas, presentes en las diversas tradiciones litúrgicas del Oriente cristiano. En *la himnografía* abundan las composiciones dedicadas a María con alegorías bíblicas[14], que permitieron la profundización en el misterio fundamental de la Encarnación y su significado para la Redención en Cristo, en un lenguaje pleno de simbolismo poético capaz de expresar el asombro y la maravilla de quienes, siendo de la misma estirpe que María, contemplan los prodigios que el Todopoderoso ha realizado en ella[15].

---

[13] Cf S. Juan Pablo II, Carta enc. *Redemptoris Mater* (25 de marzo de 1987), 31: *AAS* 79 (1987), 402-403.

[14] Por ejemplo, cf S. Efrén, *Hymni de Nativitate:* SC 459; S. Juan Damasceno, *In dormitionem Deiparae* I, 8: SC 80, 100-104.

[15] Por ejemplo, cf *Octoëchus magnus,* Roma 1885, 152: «Por ti hemos llegado a ser partícipes de la naturaleza divina, oh siempre Virgen, *Theotókos,* pues diste a luz para nosotros al Dios encarnado. Por eso, como es justo, todos con devoción te alabamos» (trad. del original griego del *Theotokion* del *Kathisma* poético después de la primera *stasis).* Otro ejemplo, más significativo, de expresión devocional mariana es el

11. La enseñanza de los primeros concilios ecuménicos comienza a delinear el dogma de María, Madre de Dios, luego proclamado en el concilio de Éfeso. El Oriente cristiano siempre ha sostenido doctrinalmente aquellos dogmas definidos por estos primeros concilios, al menos en aquellas Iglesias que han aceptado los concilios de Éfeso y Calcedonia. Al mismo tiempo, ha acogido en sus tradiciones litúrgicas, himnográficas e iconográficas, las narraciones y las leyendas marianas populares referidas a los relatos de la infancia y de la muerte de Jesús. Estos relatos buscan alimentar la piedad del Pueblo de Dios, dando voz al lirismo de las imágenes poéticas, que no tienen otro objetivo que despertar el asombro. Esa veneración a la Madre de Dios se manifiesta, también, por medio de la *iconografía* que ofrece una imagen visual de María y del Verbo encarnado. Es significativo que las iconografías tradicionales de esas Iglesias, vinculadas a los concilios de Éfeso y Calcedonia, representen a

célebre *Hymnus Akathistos* (del V siglo), en 24 estrofas; el título significa simplemente que se escucha de pie, no sentado, como se escucha el Evangelio en señal de especial reverencia a la Virgen-Madre María, a la cual el poeta adorna con los más bellos adjetivos y metáforas simbólicas pidiéndole que acepte su ofrenda poética e interceda por la salvación del género humano del pecado terrenal: cf E. M. Toniolo, O.S.M., *Akathistos Inno alla Madre di Dio*, Roma 2017.

María mayoritariamente como «Theotókos»[16], y fuesen creadas para *contemplar* en ellas a la Virgen-Madre que presenta al mundo y abraza a su Hijo, el niño Jesús, mientras intercede por la humanidad ante su Hijo. Así, la iconografía mariana oriental, como *kerygma* y recordatorio visual de la teología de los primeros concilios y de los santos Padres a todo color, quiere ser una traducción visual de los títulos específicos que se aplican a la Virgen[17]. Por eso los iconos tienen que «leerse» desde la liturgia y desde los himnos. María no es objeto de un culto que viene colocado junto a Cristo, sino que

---

[16] El testimonio más antiguo de este título procede de Egipto y data del siglo III. Cf *Papyrus* 470 de la *John Rylands Library* (Manchester, UK) que transmite en griego gran parte de la invocación mariana. La versión latina de esta oración dice: «*Sub tuum praesidium confugimus, Sancta Dei Genetrix. Nostras deprecationes ne despicias in necessitatibus, sed a periculis cunctis libera nos semper, Virgo gloriosa et benedicta*».

[17] Las representaciones iconográficas tradicionales de la Virgen siguen una serie de modelos estables, en particular: la *Odēghētria*, que muestra con la mano «el camino» hasta su hijo Jesucristo en su regazo; la *Eleousa*, la Ternura, donde se muestra el íntimo vínculo entre la Madre y el Hijo que apoya su rostro en el de María y la *Platytera*, la más grande de los cielos, porque lleva a Cristo en sí misma, representando al Jesús niño en su pecho. De estos tres modelos deriva la mayoría de los demás, como la *Galaktotrophousa*, que alimenta con su leche al Niño; la *Kyriōtissa* o Señora, que sostiene al Niño en sus rodillas como un trono; la *Panagia*, o Toda Santa, vestida con manto rojo que expresa la plenitud de la santidad; o la *Deēsis*, que aparece a la derecha de su Hijo entronizado en majestad (*Pantokratōr*) intercediendo, junto a san Juan el Bautista, a la izquierda, por nosotros. En otros iconos María aparece en intercesión junto con los demás santos, muchas veces con san Juan el Bautista, como últimos representantes de la antigua Alianza y, al mismo tiempo, como los primeros miembros del nuevo pueblo.

se inserta en el misterio de Cristo a través de la Encarnación[18]. Ella es el icono en el que se venera a Cristo mismo. Ella es la *Theotókos*, la Virgen Madre que presenta a su hijo Jesús, el Cristo, y es, al mismo tiempo, la *Odēgētria* que muestra, señalando con su mano, el único Camino que es Cristo.

12. A partir del siglo XII, la teología occidental[19] dirige su mirada a la relación que une a la Virgen Madre con el misterio de la Redención cruenta del Calvario y se relaciona la imagen de la espada de Simeón con la cruz de Cristo. La presencia de María al pie de la cruz se entiende como signo de fortaleza cristiana, llena de amor materno. San Bernardo habla de la cooperación de nuestra Señora en el sacrificio redentor en un comentario sobre la presentación de Jesús en templo[20]. Arnaldo, amigo de san Bernardo y abad benedictino de Bonneval († después de 1159), considera por primera vez

---

[18] Cf BENEDICTO XVI, *Audiencia general* (27 de mayo de 2009): *L'Osservatore Romano*, 28 de mayo de 2009, 1; S. GREGORIO DE NAREK, *Prex* 26 et 80: *Ad Deiparam: SC* 78, 160-164, 428-432.

[19] Autores orientales como Santiago de Sarug († 521), san Romano el Cantor († 555-562), san Juan Damasceno († 749) y Juan Geómetra († 1000) habían ya abordado el tema de la cooperación de María en el sacrificio redentor de Cristo en la cruz.

[20] Cf S. BERNARDO DE CLARAVAL, *In Purificationem Deiparae*, III, 2: *PL* 183, 370C.

la cooperación de María con el sacrificio del Calvario junto a su Hijo Jesucristo[21].

13. La cooperación de la Madre con el Hijo en la obra de la salvación ha sido expuesta por el magisterio de la Iglesia[22]. Como dice el concilio Vaticano II, «con razón, pues, creen los santos Padres que Dios no utilizó a María como un instrumento puramente pasivo, sino que ella colaboró por su fe y obediencia libres a la salvación de los hombres»[23]. Esta asociación de la Virgen está presente tanto en la vida terrena de Jesucristo (concepción, nacimiento, muerte y resurrección) como en el tiempo de la Iglesia.

---

[21] Cf Arnaldo de Bonneval, *De laudibus B. M. Virginis* I, 3c. 12, 4: *PL* 189, 1727A.

[22] En el magisterio anterior al concilio Vaticano II destacan: Pío IX, Const. ap. *Ineffabilis Deus* (8 de diciembre de 1854): *Pontificis Maximi Acta. Pars prima*, Roma 1854, 597-619; León XIII, Carta enc. *Iucunda semper expectatione* (8 de septiembre de 1894): *ASS* 27 (1894-1895),177-184; Id, Carta enc. *Adiutricem populi* (5 de septiembre de 1895): *ASS* 28 (1895-1896), 129-136; S. Pío X, Carta enc. *Ad diem illum laetissimum* (2 de febrero de 1904): *ASS* 36 (1903-1904), 453; Benedicto XV, Carta ap. *Inter sodalicia a la Cofradía de Ntra. Sra. de la Buena Muerte* (22 de marzo de 1918): *AAS* 10 (1918), 182; Pío XI, Carta enc. *Miserentissimus Redemptor* (8 de mayo de 1928): *AAS* 20 (1928), 165-178; Pío XII, Carta enc. *Mystici corporis Christi* (29 de junio de 1943): *AAS* 35 (1943), 193-248; Id, Carta enc. *Ad caeli Reginam* (11 de octubre de 1954): *AAS* 46 (1954), 634-635.

[23] Conc. Ecum. Vat. II, Const. dogm. *Lumen gentium*, 56: *AAS* 57 (1965), 60.

14. El dogma de la Inmaculada Concepción destaca la primacía y unicidad de Cristo en la Redención, porque también la primera redimida es redimida por Cristo y transformada por el Espíritu, antes de cualquier posibilidad de una acción propia[24]. Desde esta especial condición de «primera redimida» por Cristo, de «primera transformada» por el Espíritu Santo, es como María puede cooperar más intensa y profundamente con Cristo y con el Espíritu, convirtiéndose en prototipo[25], modelo y ejemplo de lo que Dios quiere realizar en cada persona redimida[26].

15. La colaboración de María en la obra de la salvación tiene una estructura trinitaria, porque es el fruto de una iniciativa del Padre, que miró la *pequeñez* de su Sierva (cf Lc 1,48);

---

[24] Cf Pío IX, Const. ap. *Ineffabilis Deus* (8 de diciembre de 1854): *Pontificis Maximi Acta. Pars prima*, Roma 1854, 616: (DH 2803): «La beatísima Virgen María fue preservada inmune de toda la mancha de culpa original en el primer instante de su concepción por singular gracia y privilegio de Dios omnipotente, en atención a los méritos de Jesucristo Salvador del género humano»; Conc. Ecum. Vat. II, Const. dogm. *Lumen gentium*, 53: AAS 57 (1965), 58: «Redimida de la manera más sublime en atención a los méritos de su Hijo».

[25] Cf S. Ambrosio, *Exp. Evangelii secundum Lucam*, II, 7: PL 15, 1555.

[26] Cf Papa Francisco, *Ángelus en la Solemnidad de la Asunción de la Santísima Virgen María* (15 de agosto de 2013): L'Osservatore Romano, 17-18 de agosto de 2013, 8.

brota de la *kenōsis* del Hijo, que se humilló tomando la forma de Siervo (cf Flp 2,7-8) y es efecto de la gracia del Espíritu Santo (cf Lc 1,28.30), que dispuso el corazón de la joven de Nazaret para responder en la Anunciación y a lo largo de toda su vida de comunión con su Hijo. San Pablo VI enseñaba que «en la Virgen María todo es referido a Cristo y todo depende de Él: por Él, Dios Padre la eligió desde toda la eternidad como Madre toda santa y la adornó con dones del Espíritu Santo que no fueron concedidos a ningún otro»[27]. El sí de María no es una simple condición previa a algo que podría haberse llevado a cabo sin su consentimiento y colaboración. Su maternidad no es simplemente biológica y pasiva[28], sino que es una maternidad «plenamente *activa*»[29] que se une al misterio salvífico de Cristo como

---

[27] S. PABLO VI, Exhort. ap. *Marialis cultus* (2 de febrero de 1974), 25: *AAS* 66 (1974), 135.

[28] No es simplemente una «madre-nodriza». Cf S. JUAN PABLO II, Carta enc. *Redemptoris Mater* (25 de marzo de 1987), 20: *AAS* 79 (1987), 384-387.

[29] BENEDICTO XVI, *Homilía en la Concelebración eucarística con los nuevos cardenales y entrega del anillo cardenalicio* (25 de marzo de 2006): *AAS* 98 (2006), 330; cf S. PABLO VI, Exhort. ap. *Signum magnum* (13 de mayo de 1967), 5: *AAS* 59 (1967), 469: «María, en cuanto supo por la voz del ángel Gabriel que Dios la había elegido como Madre sin temor de su Hijo Unigénito, sin demora dio su asentimiento a una obra que comprometería todas las energías de su frágil naturaleza declarando: *"He aquí la esclava del Señor; hágase en mí según tu palabra"* (Lc 1,38)».

instrumento querido por el Padre en su proyecto de salvación. Ella «es la garantía de que Él, en cuanto "nacido de mujer" (Gál 4,4), es auténtico hombre, pero ella es también, desde la proclamación del dogma de Nicea, la *Theotókos*, la que da a luz a Dios»[30].

---

[30] H. U. von Balthasar, *Teodramática. Las personas del drama: el hombre en Cristo 3*, Madrid 1993, 274; cf S. Cirilo de Alejandría, *Ep. II ad Nestorium:* DH 251: «De esta manera ellos [los santos Padres] no tuvieron inconveniente en llamar Madre de Dios a la santa Virgen»; Conc. Ecum. de Éfeso, can. 1: DH 252.

Títulos referidos a la cooperación de María en la salvación

16. Entre los títulos con los que se ha invocado a María (Madre de la Misericordia, Esperanza de los pobres, Auxilio de los cristianos, Socorro, Abogada, etc.) hay algunos que hacen referencia, en mayor medida, a su cooperación en la obra redentora de Cristo, como por ejemplo Corredentora y Mediadora.

Corredentora

17. El título de *Corredentora* aparece en el siglo XV como corrección a la invocación de *Redentora* (abreviación de Madre del Redentor) que María venía recibiendo desde el siglo X. San Bernardo asigna a María un papel al pie de la cruz que da lugar al título de *Corredentora* que aparece por primera vez en un himno anónimo del siglo XV en Salzburgo[31].

---

[31] Por lo que sabemos hasta hoy, esto tuvo lugar en el siglo XV, de mano de un himnógrafo benedictino, que nos legó la siguiente oración

Aunque la denominación de *Redentora* se había mantenido durante los siglos XVI y XVII, desapareció totalmente en el XVIII para ser sustituida por *Corredentora*. La investigación teológica de la cooperación de María en la Redención, durante la primera mitad del siglo XX, llevó a ahondar más en el contenido del título de *Corredentora*[32].

18. Algunos pontífices han utilizado este título sin detenerse demasiado a explicarlo[33].

manuscrita, conservada en el monasterio de san Pedro de Salzburgo: «*Pia dulcis et benigna / nullo prorsus luctu digna / si fletum hinc eligeres / ut compassa Redemptori / captivato transgressori / tu corredemptrix fieres*». «Pía dulce y benigna / que de ningún dolor eres digna / si de aquí el llanto extirpas / copaciente con el Redentor / para el esclavo transgresor / tú serás Corredentora»: *De compassione BMV*, 20: G. M. DREVES (ed.), *Analecta Hymnica Medii Aevi*, XLVI, Leipzig 1905, n. 79, 127.

[32] Los teólogos entienden el título de corredentora de modo diverso: a) *Cooperación inmediata, cristotípica, o maximalista,* que sitúa la cooperación de María como próxima, directa e inmediata a la Redención misma (Redención objetiva). En este sentido los méritos de María, si bien subordinados a los de Cristo, tendrían valor redentor para la salvación; b) *Cooperación mediata, o minimalista,* que estaría limitada al «sí» de la Anunciación. Se trataría de una cooperación mediada, que hace posible la Encarnación como paso previo a la Redención; c) *Cooperación inmediata receptiva o eclesiotípica,* cooperando a la Redención objetiva en el sentido que ella aceptó los frutos del sacrificio redentor del Salvador representando a la Iglesia. Una cooperación inmediata pero receptiva, pues María simplemente aceptó la Redención de Cristo, convirtiéndose en la «primera Iglesia».

[33] Bajo el pontificado de san Pío X el título de Corredentora se aparece en un documento de la Sagrada Congregación de Ritos y dos del Santo Oficio. Cf SAGRADA CONGREGACIÓN DE RITOS, *Dolores Virginis Deiparae* (13 de mayo de 1908): ASS 41 (1908), 409; SAGRADA CONGREGACIÓN DEL SANTO OFICIO, Decreto *Sunt Quos Amor* (26 de junio de 1913): AAS 5 (1913), 364, que alaba la costumbre de añadir al nombre

Generalmente lo han presentado de dos maneras precisas: en relación con la maternidad divina, en cuanto María como madre ha hecho posible la Redención realizada en Cristo[34], o bien en referencia a su unión con Cristo junto a la cruz redentora[35]. El concilio Vaticano II evitó utilizar el título de Corredentora por razones dogmáticas, pastorales y ecuménicas. San Juan Pablo II lo utilizó, al menos en siete ocasiones, relacionándolo especialmente con el valor salvífico de nuestro dolor ofrecido junto al de Cristo, al cual se une María sobre todo en la cruz[36].

---

de Jesús el nombre «de su madre, corredentora nuestra, la bienaventurada María»; ID, *Oración indulgenciada* (22 de enero de 1914): *AAS* 6 (1914), 108, en la que se llama a María «corredentora del género humano». El primero de los papas en usar el término Corredentora es Pío XI en el Breve del 20 de julio de 1925, dirigiéndose a la Reina del Rosario de Pompeya: Pío XI, *Ad B.V.M. a sacratissimo Rosario in Valle Pompeiana*, en SACRA PAENITENTIARIA APOSTOLICA, *Enchiridion Indulgentiarum*, Roma 1952, n. 628: «Recuerda también que en el Calvario quedaste constituida la Corredentora, cooperando con la crucifixión de tu corazón a la salvación del mundo, juntamente con tu Hijo crucificado»; cf ID, *Discurso «Ecco di nuovo» a un grupo de peregrinos de Vicenza* (30 de noviembre de 1933): *L'Osservatore Romano*, 1 de diciembre de 1933, 1.

[34] Cf ID, *Radiomensaje con motivo de la clausura del Año Santo de la Redención en Lourdes* (28 de abril de 1935): *L'Osservatore Romano*, 29-30 de abril de 1935, 1.

[35] Cf ID, *Ad B.V.M. a sacratissimo Rosario in Valle Pompeiana*, en SACRA PAENITENTIARIA APOSTOLICA, *Enchiridion Indulgentiarum*, Roma 1952, n. 628.

[36] Cf S. JUAN PABLO II, *Audiencia general* (10 de diciembre de 1980): *L'Osservatore Romano*, 11 de diciembre de 1980, 2; ID, *Audiencia general* (8 de septiembre de 1982): *L'Osservatore Romano*, 10 de septiembre de 1982, 2; ID, *Ángelus* (4 de noviembre de 1984): *L'Osservatore Romano*, 5-6

19. En la Feria IV del 21 de febrero de 1996, el prefecto de la entonces Congregación para la Doctrina de la Fe, el cardenal Joseph Ratzinger, ante la pregunta de si era aceptable la petición del movimiento *Vox Populi Mariae Mediatrici* para una definición del dogma de María como Corredentora o Mediadora de todas las gracias, respondió en su voto particular: «Negativo. El significado preciso de los títulos no es claro y la doctrina en ellos contenida no está madura. Una doctrina definida de fe divina pertenece al depósito de la fe, es decir a la revelación divina vehiculada en la Escritura y en la tradición apostólica. Sin embargo, no se ve de un modo claro cómo la doctrina expresada en los títulos esté presente en la Escritura y en la tradición apostólica»[37]. Más adelante,

---

de noviembre de 1984, 7; Id, *Homilía en el Santuario de Nuestra Señora de la Alborada en Guayaquil, Ecuador* (31 de enero de 1985): *L'Osservatore Romano*, 2 de febrero de 1985, 6; Id, *Ángelus del Domingo de Ramos* (31 de marzo de 1985): *L'Osservatore Romano*, 1-2 de abril de 1985, 10; *Discurso a los Peregrinos de la «Opera Federativa Trasporto Ammalati a Lourdes»* (OFTAL) (24 de marzo de 1990): *L'Osservatore Romano*, 25 de marzo de 1990, 4; Id, *Ángelus* (6 de octubre de 1991): *L'Osservatore Romano*, 7-8 de octubre de 1991, 7. Después de la Feria IV, de la entonces Congregación para la Doctrina de la Fe, del 21 de febrero de 1996, san Juan Pablo II no volverá a usar el título de Corredentora. También es importante señalar que ese título no aparece en la carta encíclica *Redemptoris Mater* del 25 de marzo de 1987, que es el documento, por excelencia, en el que san Juan Pablo II explica el papel de María en la obra de la Redención.

[37] J. Ratzinger, *Verbal de la Feria IV del 21 de febrero de 1996*, en Archivo del Dicasterio para la Doctrina de la Fe.

en 2002, expresó públicamente su opinión contraria al uso de este título: «La fórmula "Corredentora" se aleja demasiado del lenguaje de las Escrituras y de la patrística y, por tanto, provoca malentendidos... Todo procede de Él, como dicen sobre todo las epístolas a los efesios y a los colosenses. María es lo que es gracias a Él. La palabra "Corredentora" ensombrecería ese origen». El cardenal Ratzinger no negaba que hubiese buenas intenciones y aspectos valiosos en la propuesta de uso de este título, pero sostenía que era «un vocablo erróneo»[38].

20. El entonces cardenal mencionaba las epístolas a los efesios y a los colosenses, donde el vocabulario utilizado y el dinamismo teológico de los himnos presenta, de tal modo, la centralidad redentora única y la fontalidad del Hijo encarnado que queda excluida la posibilidad de agregarle otras mediaciones, porque «toda clase de bendiciones espirituales» nos son donadas «en Cristo» (Ef 1,3), porque somos *por Él* hijos adoptivos (cf Ef 1,5) y *en Él* fuimos agraciados (cf Ef 1,6), «por su sangre, tenemos la redención» (Ef 1,7) y Él «ha derrochado

---

[38] J. RATZINGER-P. SEEWALD, *Dios y el Mundo. Una conversación con Peter Seewald,* Madrid 2005, 287-288.

sobre nosotros» (Ef 1,8) su gracia. En *Él* «hemos heredado también» (Ef 1,11) y estábamos predestinados. Y Dios ha querido que *en Él* «residiera toda la plenitud» (Col 1,19) y «por Él y para Él quiso reconciliar todas las cosas» (Col 1,20). Semejante alabanza, sobre el lugar único de Cristo, invita a situar a cualquier criatura en un lugar claramente receptivo y a una religiosa y delicada cautela a la hora de plantear cualquier forma de posible cooperación en el ámbito de la Redención.

21. El papa Francisco expresó, al menos tres veces, su posición claramente contraria al uso del título de *Corredentora*, alegando que María «*jamás quiso para sí tomar algo de su Hijo. Jamás se presentó como co-redentora. No, discípula*»[39]. La obra redentora ha sido perfecta y no necesita añadido alguno. Por ello, «nuestra Señora no quiso quitarle ningún título a Jesús [...]. No pidió para sí misma ser cuasi-redentora o una co-redentora: no. El Redentor es uno solo y este título no se duplica»[40]. Cristo «es el único

---

[39] Papa Francisco, *Homilía en la Fiesta de Nuestra Señora de Guadalupe* (12 de diciembre de 2019): *AAS* 112 (2020), 9.

[40] Id, *Meditaciones diarias. La Dolorosa, discípula y madre* (3 de abril de 2020): *L'Osservatore Romano*, 4 de abril de 2020, 8.

Redentor: no hay co-redentores con Cristo»[41], porque «el sacrificio de la cruz, ofrecido con corazón amante y obediente, presenta una satisfacción sobreabundante e infinita»[42]. Si bien nosotros podemos prolongar en el mundo sus efectos (cf Col 1,24), ni la Iglesia ni María pueden reemplazar, o perfeccionar, la obra redentora del Hijo de Dios encarnado, que ha sido perfecta y no necesita añadidos.

22. *Teniendo en cuenta la necesidad de explicar el papel subordinado de María a Cristo en la obra de la Redención, es siempre inoportuno el uso del título de Corredentora para definir la cooperación de María. Este título corre el riesgo de oscurecer la única mediación salvífica de Cristo y, por tanto, puede generar confusión y un desequilibrio en la armonía de verdades de la fe cristiana, porque* «no hay salvación en ningún otro, pues bajo el cielo no se ha dado a los hombres otro nombre por el que debamos salvarnos» (He 4,12). Cuando una expresión requiere muchas y constantes explicaciones, para evitar que se desvíe de un significado correcto, no presta un servicio a la

---

[41] Id, *Audiencia general* (24 de marzo de 2021): *L'Osservatore Romano*, 24 de marzo de 2021, 8.

[42] Pío XII, Carta enc. *Haurietis Aquas* (15 de mayo de 1956), 10: AAS 48 (1956), 321.

fe del Pueblo de Dios y se vuelve *inconveniente*. En este caso, no ayuda a ensalzar a María como la primera y máxima colaboradora en la obra de la Redención y de la gracia, porque el peligro de oscurecer el lugar exclusivo de Jesucristo, Hijo de Dios hecho hombre por nuestra salvación, único capaz de ofrecer al Padre un sacrificio de valor infinito, no sería un verdadero honor a la Madre. En efecto, ella, como «esclava del Señor» (Lc 1,38), nos señala a Cristo y nos pide hacer «lo que Él os diga» (Jn 2,5).

Mediadora

23. El concepto de mediación se utiliza en la patrística oriental a partir del siglo VI. En siglos posteriores, san Andrés de Creta[43], san Germán de Constantinopla[44] y san Juan Damasceno[45] utilizan este título con diferentes significados. En Occidente, desde el siglo XII se hace más frecuente su uso, aunque no será hasta el siglo XVII cuando se enuncie como

---

[43] Cf S. Andrés de Creta, *In Nativitatem Mariae*, IV: PG 97, 865A.

[44] Cf S. Germán de Constantinopla, *In annuntiationem s. Deiparae*: PG 98, 322BC.

[45] Cf S. Juan Damasceno, *In dormitionem Deiparae*, I: PG 96, 712B-713A.

tesis doctrinal. En 1921 el cardenal Mercier, arzobispo de Malinas, con la colaboración científica de la Universidad Católica de Lovaina y el apoyo de obispos, del clero y del pueblo belga, pidió al papa Benedicto XV la definición dogmática de la mediación universal de María, pero el Papa no accedió. Solo aprobó una fiesta con la misa propia y el oficio de María Mediadora[46]. Desde entonces hasta el año 1950 se desarrolló una investigación teológica sobre la cuestión, que llegará hasta la fase preparatoria del concilio Vaticano II. El Concilio no entró en declaraciones dogmáticas[47] sino que prefirió

---

[46] El 12 de enero de 1921, Benedicto XV, a petición del Card. Désiré-Joseph Mercier, concedió a toda Bélgica el Oficio y la Misa de Santa María Virgen «Mediadora de todas las gracias», para que se celebrasen el 31 de mayo. La Sede Apostólica concedió posteriormente, a otras muchas diócesis y congregaciones religiosas, previa petición, el mismo Oficio y Misa: cf *AAS* 13 (1921), 345.

[47] Cf Conc. Ecum. Vat. II, Const. dogm. *Lumen gentium*, 62: *AAS* 57 (1965), 63; Pontificia Academia Mariana Internacional, *«¿Un nuevo dogma mariano?»*: *L'Osservatore Romano*, 4 de junio de 1997, 10: «La Constitución *Lumen gentium*, que tras una meditada elección no contiene la definición dogmática de la mediación, fue aprobada con 2.151 votos favorables sobre 2.156 electores [...] y apenas 33 años después de la promulgación de la *Lumen gentium* [...] el panorama eclesial, teológico y exegético no ha cambiado sustancialmente». Esta afirmación de la Pontificia Academia Mariana Internacional se sumaba a la Declaración de la Comisión teológica creada en el marco del XII Congreso Mariológico Internacional (Czestochowa, 12 al 24 de agosto de 1996), que consideró inadecuado proceder con la definición dogmática de María como «mediadora», «corredentora» y «abogada». Cf Comisión Teológica del Congreso de Czestochowa, *Petición de la definición del dogma de María Mediadora, Corredentora y Abogada. Declaración de la Comisión teológica del Congreso de Czestochowa: L'Osservatore Romano*, 4 de junio de 1997, 10.

presentar una extensa síntesis «de la doctrina católica sobre el puesto que María Santísima ocupa en el misterio de Cristo y de la Iglesia»[48].

24. La sentencia bíblica referida a la exclusiva mediación de Cristo es contundente. Cristo es el único Mediador, «pues Dios es uno, y único también el mediador entre Dios y los hombres: el hombre Cristo Jesús, que se entregó en rescate por todos» (1Tim 2,5-6). La Iglesia ha explicado este lugar único de Cristo porque, siendo el Hijo eterno e infinito, a Él está unida hipostáticamente la Humanidad que asumió. Este lugar es exclusivo de esa Humanidad y las consecuencias que de ello se derivan solo pueden aplicarse a Cristo. En este sentido preciso, el papel del Verbo encarnado es exclusivo y único. Ante tal claridad en la Palabra revelada, se requiere una especial prudencia en la aplicación de esta expresión, «Mediadora», a María. Frente a una tendencia a ampliar los alcances de la cooperación de María a partir de este término, es conveniente precisar tanto su valioso alcance como sus límites.

---

[48] S. PABLO VI, *Discurso en la Clausura de la III Sesión del Concilio Vaticano II* (21 de noviembre de 1964): AAS 56 (1964), 1014.

25. Por una parte, no podemos ignorar que existe un uso muy común de la palabra «mediación» en los órdenes más variados de la vida social, donde se entiende simplemente como cooperación, ayuda, intercesión. Por consiguiente, es inevitable que se aplique a María en sentido subordinado y de ningún modo pretende añadir alguna eficacia, o potencia, a la única mediación de Jesucristo, verdadero Dios y verdadero hombre.

26. Por otra parte, es evidente que hubo una forma de real mediación de María para hacer posible la verdadera Encarnación del Hijo de Dios en nuestra humanidad, porque se requería que el Redentor fuera «nacido de mujer» (Gál 4,4). El relato de la Anunciación muestra que no se trató de una mediación únicamente biológica ya que destaca la presencia activa de María preguntando (cf Lc 1,29.34) y aceptando con una firme decisión: «*Hágase*» (Lc 1,38). Esa respuesta de María abrió las puertas de la Redención que toda la humanidad esperaba y que los santos han descrito con poético dramatismo[49]. También en las bodas de Caná

---

[49] Cf S. Bernardo de Claraval, *Hom. in laudibus Virginis Matris*, IV, 8: *PL* 183, 83CD-84AB.

María cumple una función mediadora cuando presenta a Jesús la necesidad de los novios (cf Jn 2,3) y cuando pide a los servidores que sigan las indicaciones de Jesús (cf Jn 2,5).

27. La terminología de la *mediación* en el concilio Vaticano II aparece referida sobre todo a Cristo y, a veces, también a María, pero de manera claramente subordinada[50]. De hecho, para ella se prefirió usar otra terminología centrada en la cooperación[51] o en la ayuda maternal[52]. *La enseñanza del Concilio formula claramente la perspectiva de la intercesión materna de María, con expresiones como* «múltiple intercesión» *y* «protección maternal»[53]. Estos dos aspectos unidos configuran lo específico de la cooperación de María en la acción de Cristo por el Espíritu. En sentido estricto, no podemos hablar de otra mediación en la gracia que no sea la del Hijo de Dios encarnado[54]. Por eso es necesario recordar siempre, y no oscurecer, la convicción

---

[50] Cf CONC. ECUM. VAT. II, Const. dogm. *Lumen gentium*, 55-62: AAS 57 (1965), 59-63.

[51] Cf *ib*, 53, 56, 61, 63: AAS 57 (1965), 59; 60; 63; 64.

[52] Cf *ib*, 60, 62, 63, 65: AAS 57 (1965), 62; 63; 64; 65.

[53] *Ib*, 62: AAS 57 (1965), 63.

[54] Cf PAPA FRANCISCO, *Audiencia general* (24 de marzo de 2021): *L'Osservatore Romano*, 24 de marzo de 2021, 8.

cristiana que «debe ser *firmemente creída*, como dato perenne de la fe de la Iglesia, la proclamación de Jesucristo, Hijo de Dios, Señor y único salvador, que en su evento de encarnación, muerte y resurrección ha llevado a cumplimiento la historia de la salvación, que tiene en Él su plenitud y su centro»[55].

María en la mediación única de Cristo

28. Al mismo tiempo, necesitamos recordar que la unicidad de la mediación de Cristo es «inclusiva», es decir, Cristo posibilita diversas formas de participación en el cumplimiento de su proyecto salvífico porque, en la comunión con Él, todos podemos ser, de alguna manera, cooperadores de Dios, «mediadores» unos para con otros (cf 1Cor 3,9). Precisamente porque Cristo tiene un poder infinitamente supremo, Él puede promover a sus hermanos para hacerles capaces de una verdadera cooperación en la realización de sus designios. El concilio Vaticano II sostuvo que «la única mediación del Redentor no excluye, sino que suscita en

---

[55] Congregación para la Doctrina de la Fe, Declaración *Dominus Iesus* (6 de agosto de 2000), 13: *AAS* 92 (2000), 754-755.

las criaturas una colaboración diversa que participa de la única fuente»[56]. Por ello «se debe profundizar el contenido de esta mediación participada, siempre bajo la norma del principio de la única mediación de Cristo»[57]. Es verdad que la Iglesia prolonga en el tiempo y comunica, en todas partes, los efectos del acontecimiento pascual de Cristo[58] y que María tiene un lugar único en el corazón de la Iglesia madre[59].

29. La participación de María en la obra de Cristo resulta evidente si se parte de esta convicción de que el Señor resucitado promueve, transforma y capacita a los creyentes para que colaboren con Él en su obra. Esto no ocurre por una debilidad, incapacidad o necesidad de Cristo mismo, sino precisamente por su glorioso poder, que es capaz de asumirnos, generosa y gratuitamente, como colaboradores

[56] CONC. ECUM. VAT. II, Const. dogm. *Lumen gentium*, 62: AAS 57 (1965), 63.

[57] CONGREGACIÓN PARA LA DOCTRINA DE LA FE, Declaración *Dominus Iesus* (6 de agosto de 2000), 14: AAS 92 (2000), 755.

[58] Cf CONC. ECUM. VAT. II, Const. dogm. *Lumen gentium*, 1: AAS 57 (1965), 5; PAPA FRANCISCO, Exhort. ap. *Evangelii gaudium* (24 de noviembre de 2013), 112: AAS 105 (2013), 1066.

[59] Cf CONC. ECUM. VAT. II, Const. dogm. *Lumen gentium*, 65: AAS 57 (1965), 64-65; PAPA FRANCISCO, Exhort. ap. *Evangelii gaudium* (24 de noviembre de 2013), 288: AAS 105 (2013) 1136.

en su obra. Aquello que se debe destacar en este caso es, precisamente, lo siguiente: que cuando Él nos permite que le acompañemos y que, bajo el impulso de su gracia, demos lo mejor de nosotros mismos, son su propio poder y su misericordia los que, en definitiva, son glorificados.

Fecundos en el Cristo glorioso

30. Particularmente iluminador es el texto: «El que cree en mí, también él hará las obras que yo hago, y aún mayores, porque yo me voy al Padre» (Jn 14,12). Los creyentes, unidos al Cristo resucitado, que ha vuelto al seno del Padre, pueden realizar obras que superan los prodigios del Jesús terreno, pero siempre gracias a su unión con Cristo glorioso por la fe. Es lo que se manifestó, por ejemplo, en la admirable expansión de la Iglesia primitiva, porque el Resucitado hizo partícipe a su Iglesia en esta obra suya (cf Mc 16,15). De este modo su gloria no se vio disminuida, sino que se manifestó más todavía, mostrándose como un poder capaz de transformar a los creyentes, volviéndolos fecundos junto con Él.

31. En los padres de la Iglesia esta idea encontró una peculiar expresión en el comentario a Jn 7,37-39, porque algunos interpretaron la promesa de los «ríos de agua viva» como referida a los creyentes. Es decir, los propios creyentes, transformados por la gracia de Cristo, se convierten en manantiales para los demás. Orígenes explicaba que el Señor cumple lo que anunció en Jn 7,38 porque hace brotar de nosotros corrientes de agua: «El alma del ser humano, que es a imagen de Dios, puede contener en sí y producir de sí pozos, fuentes y ríos»[60]. San Ambrosio recomendaba beber del costado abierto de Cristo «para que abunde en ti la fuente de agua que salta a la vida eterna»[61]. Santo Tomás de Aquino lo expresaba afirmando que, si un creyente «se apresura a comunicar a otros diversos dones de la gracia que recibió de Dios, de su seno fluyen aguas vivas»[62].

32. Si esto vale para cada creyente, cuya cooperación con Cristo se vuelve cada vez más fecunda cuanto más se deja transformar por

---

[60] Orígenes, *Hom. in Numeros*, XII, 1: PG 12, 657.
[61] S. Ambrosio, *Ep.* 11, 24: PL 16, 1106D.
[62] Sto. Tomás de Aquino, *Super Ioannem*, cap. 7, lect. 5.

la gracia, con mayor razón debe afirmarse de María, de un modo único y supremo. Ella es la «llena de gracia» (Lc 1,28) que, sin poner obstáculos a la obra de Dios, dijo: «He aquí la esclava del Señor; hágase en mí según tu palabra» (Lc 1,38). Ella es la Madre que dio al mundo al Autor de la Redención y de la gracia, que se mantuvo firme junto a la cruz (cf Jn 19,25), sufriendo junto al Hijo, ofreciendo el dolor de su corazón materno atravesado por la espada (cf Lc 2,35). Ella estuvo unida a Cristo desde la Encarnación hasta la cruz y la Resurrección de un modo exclusivo y superior a cuanto podría ocurrir con cualquier creyente.

33. Todo esto no por méritos propios, sino porque a ella se aplicaron plenamente de forma peculiar y anticipada los méritos de Cristo en la cruz, para gloria del único Señor y Salvador[63]. Ella es, en definitiva, un canto a la eficacia de la gracia de Dios, de modo que cualquier reconocimiento a su hermosura remite inmediatamente a la glorificación del origen fontal de todo bien: la Trinidad. La grandeza incom-

---

[63] Cf Pío IX, Const. ap. *Ineffabilis Deus* (8 de diciembre de 1854): *Pontificis Maximi Acta. Pars prima*, Roma 1854, 616 (DH 2803): «Por singular gracia y privilegio de Dios omnipotente, en atención a los méritos de Jesucristo Salvador del género humano».

parable de María está en lo que ha recibido, y en su confiada disponibilidad para dejarse invadir por el Espíritu. Cuando nos esforzamos en atribuirle a ella funciones activas paralelas a las de Cristo, nos alejamos de esa incomparable hermosura que es específica suya. La expresión «mediación participada» puede expresar un sentido preciso y valioso del lugar de María, pero inadecuadamente comprendida podría, fácilmente, oscurecerlo y hasta contradecirlo. La mediación de Cristo, que bajo algunos aspectos puede ser «inclusiva» o participada, bajo otros aspectos es exclusiva e incomunicable.

Madre de los creyentes

34. En el caso de María, esta mediación se realiza en forma *maternal*[64], tal como hizo en Caná[65] y como quedó ratificada en la cruz[66]. Así lo explicaba el papa Francisco: «Ella es la Madre. Y este es el título que recibió de Jesús, justo ahí, en el momento de la cruz (cf

---

[64] Cf S. JUAN PABLO II, Carta enc. *Redemptoris Mater* (25 de marzo de 1987), 38: AAS 79 (1987), 411.

[65] Cf *ib*, 21: AAS 79 (1987), 387-389.

[66] Cf *ib*, 23: AAS 79 (1987), 390-391.

Jn 19,25-27). Tus hijos, tú eres Madre. [...] Recibió el don de ser su Madre y el deber de acompañarnos como Madre, de ser nuestra Madre»[67].

35. El título de *Madre* hunde sus raíces en la Sagrada Escritura y en los santos Padres, es propuesto por el Magisterio y la formulación de su contenido ha ido en progreso hasta la exposición del concilio Vaticano II[68] y la expresión *maternidad espiritual* en la encíclica *Redemptoris Mater*[69]. Esta maternidad espiritual de María brota de su maternidad física del Hijo de Dios. Engendrando físicamente a Cristo, a partir de su aceptación libre y creyente de esta misión, la Virgen engendraba en la fe a todos los cristianos que son miembros del Cuerpo místico de Cristo, es decir, engendraba al *Cristo total*, cabeza y miembros[70].

---

[67] PAPA FRANCISCO, *Meditaciones diarias. La Dolorosa, discípula y madre* (3 de abril de 2020): *L'Osservatore Romano*, 4 de abril de 2020, 8.

[68] Cf CONC. ECUM. VAT. II, Const. dogm. *Lumen gentium*, 55-62: *AAS* 57 (1965), 59-63.

[69] Cf S. JUAN PABLO II, Carta enc. *Redemptoris Mater* (25 de marzo de 1987), 44: *AAS* 79 (1987), 421.

[70] Cf S. PABLO VI, *Discurso en la Clausura de la III Sesión del Concilio Vaticano II* (21 de noviembre de 1964): *AAS* 56 (1964), 1015: «María, pues, como Madre de Cristo, es Madre también de los fieles y de todos los pastores; es decir, de la Iglesia»; *Catecismo de la Iglesia Católica*, 963.

36. La participación de la Virgen María, como Madre, en la vida de su Hijo, desde la Encarnación hasta la cruz y la Resurrección, da un carácter único y singular a su cooperación en la obra redentora de Cristo, de manera especial para la Iglesia, «cuando considera la Maternidad espiritual de María para con todos los miembros del Cuerpo místico; en confiada invocación, cuando experimenta la intercesión de su Abogada y Auxiliadora»[71]. Este aspecto materno es el que caracteriza la relación de la Virgen con Cristo y su colaboración en todos los momentos de la obra de la salvación. En su misión como Madre, María tiene una relación singular con el Redentor y, también, con los que han sido redimidos, de los cuales ella misma es la primera. «María es *typos* (modelo) de la Iglesia y del nuevo nacimiento que ha de acaecer en ella», pero aún más, ella es símbolo y «compendio de esta misma Iglesia»[72]. Es una maternidad que nace del don total de sí y de la llamada a convertirse en servidora del misterio[73]. En esta *maternidad* de María se sintetiza

---

[71] S. Pablo VI, Exhort. ap. *Marialis cultus* (2 de febrero de 1974), 22: AAS 66 (1974), 133.

[72] Cf H. U. von Balthasar, *Teodramática. Las personas del drama: el hombre en Cristo* 3, Madrid 1993, 307.

[73] Cf Conc. Ecum. Vat. II, Const. dogm. *Lumen gentium*, 56: AAS

cuanto podemos decir de la maternidad según la gracia y del lugar actual de María en la Iglesia entera.

37. La maternidad espiritual de María tiene unas características determinadas:

a) Encuentra su fundamento en el hecho de ser Madre de Dios y se prolonga en la *maternidad* para con los discípulos de Cristo[74] y aún con todos los seres humanos[75]. En este sentido la cooperación de María es singular y se distingue de las cooperaciones de «las demás criaturas»[76]. Su intercesión tiene una característica que no es la de una mediación sacerdotal, como aquella de Cristo, sino que se sitúa en el orden y la analogía de la materni-

---

57 (1965), 60: «Se entregó totalmente a sí misma, como esclava del Señor, a la persona y a la obra de su Hijo. Con él y en dependencia de él, se puso, por la gracia de Dios todopoderoso, al servicio del misterio de la Redención».

[74] Cf S. JUAN PABLO II, Carta enc. *Redemptoris Mater* (25 de marzo de 1987), 23: *AAS* 79 (1987), 391.

[75] Cf CONC. ECUM. VAT. II, Const. dogm. *Lumen gentium,* 69: *AAS* 57 (1965), 66: «Madre de Dios y Madre de los hombres».

[76] S. JUAN PABLO II, Carta enc. *Redemptoris Mater* (25 de marzo de 1987), 38: *AAS* 79 (1987), 411; cf CONC. ECUM. VAT. II, Const. dogm. *Lumen gentium,* 61: *AAS* 57 (1965), 63. El contenido de la Maternidad espiritual de María está presente en los textos más tempranos de la patrística y tiene su fundamento bíblico sobre todo en el evangelio de san Juan, más concretamente en la escena de la cruz.

dad[77]. Asociando la intercesión de María a su obra, los dones que nos llegan del Señor se nos presentan con un aspecto materno, cargados de la ternura y de la cercanía de la Madre[78] que Jesús ha querido compartir con nosotros (cf Jn 19,27).

b) La cooperación materna de María es *en* Cristo, y por tanto *participada,* es decir, «como una participación de esta única fuente que es la mediación de Cristo mismo»[79]. María entra de una manera del todo personal en la única mediación de Cristo[80]. La función materna de María «de ninguna manera disminuye o hace sombra a la única mediación de Cristo, sino que manifiesta su eficacia. En efecto, todo el influjo de la Santísima Virgen en la salvación de los

[77] Cf S. Juan Pablo II, Carta enc. *Redemptoris Mater* (25 de marzo de 1987), 21: AAS 79 (1987), 388: «Se manifiesta como nueva maternidad según el espíritu y no únicamente según la carne, o sea *la solicitud de María por los hombres,* el ir a su encuentro en toda la gama de sus necesidades».

[78] Cf papa Francisco, *Homilía en la Solemnidad de Santa María, Madre de Dios. 53ª Jornada Mundial de la Paz* (1 de enero de 2020): AAS 112 (2020), 19.

[79] S. Juan Pablo II, Carta enc. *Redemptoris Mater* (25 de marzo de 1987), 38: AAS 79 (1987), 411-412; cf Conc. Ecum. Vat. II, Const. dogm. *Lumen gentium,* 62: AAS 57 (1965), 63.

[80] Cf S. Juan Pablo II, *Audiencia general* (9 de abril de 1997), 2: L'Osservatore Romano, 10 de abril de 1997, 4: «La participación de María se realizó durante el acontecimiento mismo y en calidad de madre; por tanto, se extiende a la totalidad de la obra salvífica de Cristo».

hombres» brota de la «sobreabundancia de los méritos de Cristo, se apoya en su mediación, depende totalmente de ella y de ella saca toda su eficacia»[81]. En su maternidad, María *no es un obstáculo interpuesto entre los seres humanos y Cristo;* al contrario, su función materna está indisolublemente unida a la de Cristo y orientada a Él. Así entendida, la maternidad de María no pretende debilitar la única adoración que se debe solamente a Cristo, sino estimularla[82]. Por ello se deben evitar los títulos y expresiones referidas a María que la presenten como una especie de «pararrayos» ante la justicia del Señor, como si María fuese una alternativa necesaria ante la insuficiente misericordia de Dios. El concilio Vaticano II reafirmó cómo debía ser el culto dado a María: «Un culto orientado al centro cristológico de la fe cristiana, de modo que "mientras es honrada la Madre, el Hijo sea debidamente conocido, amado, glorificado"»[83].

---

[81] Conc. Ecum. Vat. II, Const. dogm. *Lumen gentium*, 60: *AAS* 57 (1965), 62; *Catecismo de la Iglesia Católica*, 970.

[82] Cf Papa Francisco, *Audiencia general* (24 de marzo de 2021): *L'Osservatore Romano*, 24 de marzo de 2021, 8: «[María] señala al Mediador: ella es la *Odēgētria*. En la iconografía cristiana su presencia está en todas partes, y a veces con gran protagonismo, pero siempre en relación con el Hijo y en función de Él. Sus manos, sus ojos, su actitud son un "catecismo" viviente y siempre apuntan al fundamento, el centro: Jesús. María está totalmente dirigida a Él».

[83] S. Juan Pablo II, Carta ap. *Rosarium Virginis Mariae* (16 de

En definitiva, la maternidad de María está *subordinada*[84] a la elección del Padre, a la obra de Cristo y a la acción del Espíritu Santo.

c) La Iglesia no es solo un punto de referencia para la maternidad espiritual de María sino que es, precisamente en la dimensión sacramental de la Iglesia, donde se desarrolla siempre su función materna[85]. María actúa con la Iglesia, en la Iglesia y para la Iglesia. El ejercicio de su maternidad se encuentra en la comunión eclesial y no fuera de ella; conduce a la Iglesia y la acompaña. La Iglesia aprende de María la propia maternidad[86]: en la acogida de la Palabra de Dios que evangeliza, convierte y anuncia a Cristo; en el don de la vida sacramental del Bautismo y de la Eucaristía, y en la educación y formación maternal que ayuda a nacer y a crecer a los hijos de Dios[87]. Por eso, se puede decir que «la fecundidad de

---

octubre de 2002), 4: *AAS* 95 (2003), 8; que cita CONC. ECUM. VAT. II, Const. dogm. *Lumen gentium*, 66: *AAS* 57 (1965), 65.

[84] Cf CONC. ECUM. VAT. II, Const. dogm. *Lumen gentium*, 62: *AAS* 57 (1965), 63: «Función subordinada de María».

[85] Cf S. JUAN PABLO II, Carta enc. *Redemptoris Mater* (25 de marzo de 1987), 40: *AAS* 79 (1987), 414-415.

[86] Cf *ib*, 43: *AAS* 79 (1987), 420.

[87] Cf PAPA FRANCISCO, *Discurso con motivo del Rezo del Santo Rosario en la Basílica de Santa María la Mayor* (4 de mayo de 2013): *L'Osservatore Romano*, 6-7 de mayo de 2013, 7.

la Iglesia es la misma fecundidad de María; y se realiza en la existencia de sus miembros en la medida en que estos reviven, "en pequeño", lo que vivió la Madre, es decir, que aman con el amor de Jesús»[88]. Como Madre, al igual que la Iglesia, María espera que Cristo sea engendrado en nosotros[89], no ocupa su lugar. Por ello, «gracias al inmenso manantial que mana del costado abierto de Cristo, la Iglesia, María y todos los creyentes, de diferentes maneras, se convierten en canales de agua viva. Así Cristo mismo despliega su gloria en nuestra pequeñez»[90].

Intercesión

38. María está unida a Cristo de un modo único por su maternidad y por ser llena de gracia. Esto se insinúa en el saludo del ángel (cf Lc 1,28) cuando utiliza una palabra *(kecharitōmenē)* que es única y exclusiva en

---

[88] León XIV, *Homilía en el Jubileo de la Santa Sede* (9 de junio de 2025): *L'Osservatore Romano,* 10 de junio de 2025, 2.

[89] Cf papa Francisco, Exhort. ap. *Evangelii gaudium* (24 de noviembre de 2013), 285: *AAS* 105 (2013), 1135.

[90] Id, Carta enc. *Dilexit nos* (24 de octubre de 2024), 176: *AAS* 116 (2024), 1424.

toda la Biblia. Ella, la que acogió en su vientre la fuerza del Espíritu Santo y fue Madre de Dios, se convierte, por ese mismo Espíritu, en Madre de la Iglesia[91]. Por esa unión peculiar en la maternidad y en la gracia, su oración por nosotros tiene un valor y una eficacia que no se pueden comparar con cualquier otra intercesión. San Juan Pablo II relacionaba el título de «mediadora» con esta función de intercesión materna. Porque ella «se pone "en medio", o sea hace de mediadora no como una persona extraña, sino en su papel de madre, consciente de que como tal puede –más bien "tiene el derecho de"– hacer presente al Hijo las necesidades de los hombres»[92].

39. La fe católica lee en las Escrituras que quienes están junto a Dios en el cielo pueden seguir realizando estos actos de amor, intercediendo por nosotros y acompañándonos. Vemos, por ejemplo, que los ángeles son «espíritus servidores con la misión de asistir a los que han de heredar la salvación» (Heb 1,14). Se habla de misiones cumplidas por ángeles

[91] Cf ID, *Audiencia general* (18 de noviembre de 2020): *L'Osservatore Romano*, 18 de noviembre de 2020, 11.

[92] S. JUAN PABLO II, Carta enc. *Redemptoris Mater* (25 de marzo de 1987), 21: *AAS* 79 (1987), 388-389.

(cf Tob 5,4; 12,12; He 12,7-11; Ap 8,3-5). Hay ángeles auxiliando a Jesús en el desierto de las tentaciones (cf Mt 4,11) y en la pasión (cf Lc 22,43). En el Salmo se nos promete que «a sus ángeles ha dado órdenes para que te guarden en tus caminos» (Sal 91,11).

40. Estos textos nos indican que el cielo no está completamente separado de la tierra. Esto abre la posibilidad de la intercesión por nosotros a quienes están en el cielo. El libro de Zacarías nos presenta un ángel de Dios que dice: «Señor del universo, ¿hasta cuándo seguirás sin compadecerte de Jerusalén y de las ciudades de Judá contra las que te enojaste durante setenta años?» (Zac 1,12). De modo análogo, el Apocalipsis nos habla de los «degollados», los mártires en el cielo, que intervienen pidiendo a Dios que actúe en la tierra para liberarnos de las injusticias: «Vi debajo del altar las almas de los degollados por causa de la Palabra de Dios y del testimonio que mantenían. Y gritaban con voz potente: "¿Hasta cuándo, dueño santo y veraz, vas a estar sin hacer justicia y sin vengar nuestra sangre de los habitantes de la tierra?"» (Ap 6,9-10). Ya en la tradición judeo-helenística

aparecía la convicción de que los justos fallecidos interceden por el pueblo (cf 2Mac 15,12-14).

41. María, que en el cielo ama al «resto de sus hijos» (Ap 12,17), así como acompañaba la oración de los apóstoles cuando recibieron el Espíritu Santo (cf He 1,14), también ahora, acompaña nuestras plegarias con su intercesión materna. De este modo, continúa la actitud de servicio y compasión que mostraba en las bodas de Caná (cf Jn 2,1-11) y hoy sigue dirigiéndose a Jesús para decirle: «No tienen vino» (Jn 2,3). En su canto de alabanza vemos a María como una mujer de su pueblo, que alaba a Dios porque «enaltece a los humildes, a los hambrientos los colma de bienes» (Lc 1,52-53), porque «auxilia a Israel, su siervo, acordándose de la misericordia, como lo había prometido a nuestros padres» (Lc 1,54-55), y reconocemos su prontitud cuando se acerca sin demora para ayudar a su prima Isabel (cf Lc 1,39-40). Por eso el Pueblo de Dios confía firmemente en su intercesión.

42. Entre los elegidos y glorificados junto a Cristo está en primer lugar la Madre, por eso

podemos afirmar que existe una colaboración única de María en la obra salvífica que Cristo realiza en su Iglesia. Se trata de una intercesión que la convierte en signo materno de la misericordia del Señor. De esta manera, porque así Él libremente lo ha querido, el Señor otorga a su propia acción en nosotros un rostro materno[93].

Cercanía materna

43. La presencia de las diversas advocaciones, de las imágenes y de los santuarios marianos manifiestan esa maternidad real de María que se hace cercana a la vida de sus hijos. Sirva como ejemplo la manifestación de la Madre al indio san Juan Diego en el monte del Tepeyac. María lo llama con las palabras tiernas de una madre: «Hijito mío el más pequeño, mi Juanito». Y, ante las dificultades que san Juan Diego le manifiesta para llevar a cabo la misión encomendada, María le revela la fuerza de su maternidad: «¿No estoy yo aquí, yo que tengo el honor de ser tu madre?

[93] Cf PAPA FRANCISCO, *Homilía en la Solemnidad de Santa María, Madre de Dios* (1 de enero de 2024): AAS 116 (2024), 20.

[...]. ¿Qué no estás en mi regazo, en el cruce de mis brazos?»[94].

44. Esa experiencia del afecto maternal de María, que vivió san Juan Diego, es la experiencia personal de los cristianos que reciben el afecto de María y que ponen en sus manos «las necesidades de la vida de cada día y abren confiados su corazón para solicitar su intercesión maternal y obtener su tranquilizadora protección»[95]. Más allá de las manifestaciones extraordinarias de su cercanía, existen expresiones cotidianas constantes de su maternidad en la vida de todos sus hijos. Aun cuando no pedimos su intercesión, ella se muestra cercana como Madre, para ayudarnos a reconocer el amor del Padre, a contemplar la entrega salvadora de Cristo, a acoger la acción santificadora del Espíritu. Es tan grande su valor para la Iglesia que los pastores deben evitar cualquier instrumentación política de esta cercanía de la Madre. El papa Francisco lo advirtió, en diversas ocasiones, y mostró su preocupación por «las propuestas

[94] J. L. Guerrero Rosado, *Nican Mopohua: Aquí se cuenta... el gran acontecimiento*, Cuautitlán 2003, nn. 23, 119.

[95] S. Juan Pablo II, *Audiencia general* (13 de agosto de 1997), 4: *L'Osservatore Romano*, 14 de agosto de 1997, 4.

de tinte ideológico-cultural de diverso signo que quieren apropiarse del encuentro de un pueblo con su madre»[96].

Madre de la gracia

45.   Este sentido de «Madre de los creyentes» permite hablar de una acción de María también en relación con nuestra vida de la gracia. Pero conviene advertir que ciertas expresiones, que pueden ser teológicamente aceptables, fácilmente se cargan de un imaginario y un simbolismo que transmite, de hecho, otros contenidos menos aceptables. Por ejemplo, se presenta a María como si ella tuviera un depósito de *gracia* separado de Dios, donde no se percibe tan claramente que el Señor, en su generosa y libre omnipotencia, ha querido asociarla a la comunicación de esa vida divina que brota de un único centro que es el Corazón de Cristo, no de María[97]. También es frecuente

---

[96] PAPA FRANCISCO, *Homilía en la Fiesta de Nuestra Señora de Guadalupe* (12 de diciembre de 2022): AAS 115 (2023), 53; cf ID, *Homilía en la Fiesta de Nuestra Señora de Guadalupe* (12 de diciembre de 2023): AAS 116 (2024), 12.

[97] Cf CONC. ECUM. VAT. II, Const. dogm. *Lumen gentium*, 8: AAS 57 (1965), 11; PAPA FRANCISCO, Carta enc. *Dilexit nos* (24 de octubre de 2024), 96: AAS 116 (2024), 1398.

que ella sea presentada o imaginada como una fuente de donde mana toda gracia. Si se tiene en cuenta que la inhabitación trinitaria (gracia increada) y la participación de la vida divina (gracia creada) son inseparables, no podemos pensar que este misterio pueda estar condicionado por un «paso» a través de las manos de María. Imaginarios de este tipo enaltecen a María de tal modo que la centralidad del mismo Cristo puede desaparecer o, al menos, resultar condicionada. El cardenal Ratzinger expresó que el título de *María mediadora de todas las gracias* tampoco se veía claramente fundado en la Revelación[98], y en sintonía con esta convicción podemos reconocer las dificultades que conlleva tanto en la reflexión teológica como en la espiritualidad.

46. Para evitar estas dificultades, la maternidad de María en el orden de la gracia debe entenderse como *dispositiva*. Por una parte, por su carácter de *intercesión*[99], ya que la *inter-*

---

[98] Cf J. RATZINGER, *Verbal de la Feria IV del 21 de febrero de 1996*, en Archivo del Dicasterio para la Doctrina de la Fe.

[99] Cf S. JUAN PABLO II, Carta enc. *Redemptoris Mater* (25 de marzo de 1987), 21: *AAS* 79 (1987), 389. Este *carácter de intercesión* de la mediación materna de María es una enseñanza constante de los últimos papas. Cf PÍO IX, Const. ap. *Ineffabilis Deus* (8 de diciembre de 1854): *Pontificis Maximi Acta. Pars prima*, Roma 1854, 597-619; LEÓN XIII,

cesión materna es expresión de esa «protección maternal»[100] que permite reconocer en Cristo el único Mediador entre Dios y los hombres. Por otra parte, su *presencia materna* en nuestras vidas no excluye diversas acciones de María motivando la apertura de nuestros corazones a la acción de Cristo en el Espíritu Santo. Así nos ayuda, de diversas maneras, a *disponernos a la vida de la gracia* que solamente el Señor puede infundir en nosotros.

47.   Nuestra salvación es obra solo de la gracia salvadora de Cristo y no de algún otro. San Agustín afirmaba que «este reino de muerte lo destruye en cada ser humano solo la gracia del Salvador»[101] y lo explicaba claramente con la redención del hombre injusto: «¿Quién querría morir por un injusto, por un impío, sino solo Cristo, tan inocente como para poder justificar incluso a los injustos? Por lo tanto, hermanos míos, no tuvimos obra meritoria,

Carta enc. *Adiutricem populi* (5 de septiembre de 1895): ASS 28 (1895-1896), 129-136; S. Pío X, Carta enc. *Ad diem illum* (2 de febrero de 1904): ASS 36 (1903-1904), 455; Pío XII, Carta enc. *Ad Caeli Reginam* (11 de octubre de 1954), 17: AAS 46 (1954), 636.

[100] Conc. Ecum. Vat. II, Const. dogm. *Lumen gentium*, 62: AAS 57 (1965), 63.

[101] S. Agustín, *De peccatorum meritis et remissione et de baptismo parvulorum*, I, 11, 13: CSEL 60, 14.

sino solo deméritos. Pero aunque las obras de los hombres eran tales, su misericordia no los abandonó y [...] en lugar del castigo debido, les otorgó la gracia que no merecían [...] para rescatarnos, no a precio de oro ni de plata, sino a precio de su sangre derramada»[102]. Por eso, cuando santo Tomás de Aquino se pregunta si alguien puede merecer para otro responde que «solo Cristo puede merecer para otro la gracia primera»[103]. Ningún otro ser humano puede merecerla en sentido estricto (de condigno), y en este punto no cabe duda alguna: «Nadie puede ser justo sino aquel a quien se comunican los méritos de la pasión de Nuestro Señor Jesucristo»[104]. También la plenitud de gracia de María existe porque ella la recibió gratuitamente, antes de cualquier acción suya, «en atención a los méritos de Jesucristo Salvador del género humano»[105]. Solo los méritos de Jesucristo, entregado hasta el fin, son los que se nos aplican en nuestra justificación, que «puesto que tiene por término el

---

[102] ID, *Sermo* 23/A: CCSL 41, 322.

[103] STO. TOMÁS DE AQUINO, *Summa Theologiae*, I-II, q. 114, a. 6, co.

[104] CONC. ECUM. DE TRENTO, *Sessio* VI: *Decretum de iustificatione*, 7: DH 1530.

[105] PÍO IX, Const. ap. *Ineffabilis Deus* (8 de diciembre de 1854): *Pontificis Maximi Acta. Pars prima*, Roma 1854, 616.

bien eterno de la participación divina, es una obra más excelente que la creación del cielo y la tierra»[106].

48. Sin embargo, un ser humano puede participar con su deseo del bien del hermano, y es razonable *(congruo)* que Dios cumpla ese deseo de caridad que la persona puede expresar «con su oración» o «mediante las obras de misericordia»[107]. Es verdad que este don de la gracia solo puede ser derramado por Dios, ya que «excede toda proporción de nuestra naturaleza»[108] y existe una distancia infinita[109] entre nuestra naturaleza y su vida divina. Sin embargo, puede hacerlo cumpliendo el deseo de la Madre, que de este modo se asocia gozosamente a la obra divina como humilde servidora.

49. Como en Caná, María no le dice a Cristo lo que tiene que hacer. Ella intercede manifestando a Cristo nuestras carencias, necesidades y sufrimientos para que Él actúe con su poder

---

[106] STO. TOMÁS DE AQUINO, *Summa Theologiae*, I-II, q. 113, a. 9, co.
[107] *Ib*, q. 114, a. 6, ad 3.
[108] *Ib*, q. 114, a. 5, co.
[109] Cf *ib*, q. 114, a. 1, co.

divino[110]: «No tienen vino» (Jn 2,3). También hoy ella ayuda a disponernos para la acción de Dios[111]: «Haced lo que Él os diga» (Jn 2,5). Sus palabras no son una simple indicación, sino que se convierten en verdadera pedagogía materna que introduce a la persona, bajo la acción del Espíritu, en el sentido profundo del misterio de Cristo[112]. María escucha, decide y actúa[113] para ayudarnos a abrir nuestra existencia a Cristo y a su gracia[114], porque Él es el único que obra en lo más íntimo de nuestro ser.

Allí donde solo Dios puede llegar

50.   Como nos recuerda el *Catecismo*, la gracia santificante es «ante todo y principalmente, el don del Espíritu que nos justifica y nos santifica»[115]. No es simplemente una ayuda,

---

[110] Cf S. Juan Pablo II, Carta enc. *Redemptoris Mater* (25 de marzo de 1987), 21: *AAS* 79 (1987), 389.

[111] Cf papa Francisco, *Audiencia general* (8 de junio de 2016): *L'Osservatore Romano*, 9 de junio de 2016, 8.

[112] Cf ID, *Audiencia general* (24 de marzo de 2021): *L'Osservatore Romano*, 24 de marzo de 2021, 8; *Catecismo de la Iglesia Católica*, 2674.

[113] Cf papa Francisco, *Palabras en el Rezo del Santo Rosario* (31 de mayo de 2013): *L'Osservatore Romano*, 2 de junio de 2013, 8.

[114] Cf Conc. Ecum. Vat. II, Const. dogm. *Lumen gentium*, 61: *AAS* 57 (1965), 63.

[115] *Catecismo de la Iglesia Católica*, 2003.

una energía que se posea, sino que «es el don gratuito que Dios nos hace de su vida infundida por el Espíritu Santo en nuestra alma»[116] que se puede describir como inhabitación de la Trinidad en lo más íntimo, como amistad con Dios, como alianza con el Señor. Exclusivamente Dios puede hacerlo, porque implica superar una desproporción «infinita»[117]. Esa donación de sí de la Trinidad, ese «entrañarse en el alma»[118] *(illabitur)* por parte de Dios mismo, implica un efecto de transformación inherente en lo más íntimo del creyente[119]. Santo Tomás de Aquino utilizaba para esta penetración en el interior del ser humano este verbo que solo podía aplicarse a Dios, *illabi,* ya que solo Dios, no siendo una criatura, puede llegar a esa intimidad personal sin violentar la libertad y la identidad de la persona[120]. Solo Dios llega al centro más íntimo de una persona para realizar su elevación y transformación cuando se

---

[116] *Ib,* 1999.

[117] Cf Sto. Tomás de Aquino, *Summa Theologiae,* I-II, q. 114, a. 1, co.; *Quaestiones disputatae de Veritate,* 27, a. 3, ad 10.

[118] Cf Id, *Summa Theologiae,* III, q. 64, a. 1, co.: «[...] *solus Deus illabitur animae».*

[119] Cf Conc. Ecum. de Trento, *Sessio* VI. *Decretum de iustificatione,* 7: DH 1528-1531; *ib, Canones de iustificatione,* 11: DH 1561.

[120] Cf Sto. Tomás de Aquino, *Quaestiones disputatae de Veritate,* q. 28, a. 2, ad 8; *Summa contra gentiles,* II, cap. 98, n. 18; *ib,* III, cap. 88, n. 6.

entrega como amigo y por ello «ninguna criatura puede conferir la gracia»[121]. Santo Tomás lo repite al hablar de la gracia sacramental: en cuanto *causa principal* «solo Dios produce el efecto interior del sacramento. Porque solo Él penetra en el alma, donde se produce el efecto sacramental –nadie puede obrar inmediatamente donde no está–, ya que la gracia, que es un efecto interior del sacramento, proviene solo de Dios»[122].

51.   Otros autores se expresaron de un modo semejante[123], pero cabe destacar a san Buenaventura. Él enseñaba que, cuando Dios obra con la gracia santificante en un ser humano, lo vuelve absolutamente *inmediato* a Él[124]. Dios, por la gracia, se hace plenamente cercano al ser humano, con una absoluta inmediatez, con un «entrañamiento» en lo íntimo del ser humano que solo Él puede lograr[125]. La misma gracia creada, entonces, no obra como un «in-

[121] Cf ID, *Quaestiones disputatae de Veritate*, q. 27, a. 3, s.c. 5.

[122] ID, *Summa Theologiae*, III, q. 64, a. 1, co.

[123] Entre otros, GENADIO DE MARSELLA, *De ecclesiasticis dogmatibus*, 83: *PL* 58, 999B. También S. JUAN CASIANO, *Collationes*, VII, 13: *PL* 49, 683A. Además, DIDYMUS CAECUS, *De Spiritu Sancto*, 60: *PL* 23, 158C.

[124] Cf S. BUENAVENTURA, *Collationes in Hexaemeron*, XXI, 18: *Opera Omnia*, V, Quaracchi 1891, 434.

[125] Cf ID, *Sententiarum Lib.* I, d.14, a. 2, q. 2, ad 2: *Opera Omnia* I, Quaracchi 1891, 250.

termediario», sino que es efecto directo de la amistad que Dios regala tocando directamente el corazón humano. Y así, siendo Dios quien realiza la transformación de la persona cuando se entrega como amigo, no hay medio alguno entre Dios y el ser humano transformado[126]. Solo Dios es capaz de penetrar así, tan hondo, para santificar, hasta hacerse *absolutamente inmediato,* y solo Él puede hacerlo sin anular a la persona[127].

52. En la Encarnación, el Hijo eterno y natural de Dios[128] asume una naturaleza humana que ocupa un lugar único en la economía de la salvación. Hipostáticamente unida al Hijo por una gracia que «es sin duda alguna infinita»[129], esta Humanidad «tuvo la gracia en grado sumo. De ahí que, por la eminencia de la gracia que recibió, le competa *[competit sibi]* hacer llegar tal gracia a los demás. Esto es propio de la cabeza»[130]. Esa Humanidad participa

---

[126] Cf *ib*, q. 2, fund. 3, 251.

[127] Cf *ib*, q. 2, fund. 4 y 8, 251-252.

[128] Cf STO. TOMÁS DE AQUINO, *Summa Theologiae*, I, q. 33, a. 3; *ib*, III, q. 23, a. 4.

[129] ID, *Compendium theologiae*, I, n. 215; cf ID, *Summa Theologiae*, III, q. 2, a. 10.

[130] ID, *Summa Theologiae*, III, q. 8, a. 5, co.; cf *ib*, q. 2, a. 12; q. 7, a. 9; q. 48, a. 1.

en la efusión de la gracia santificante, que de ella desborda o «redunda»[131]. En consecuencia, *según su humanidad,* es principio de toda gracia» como Cabeza desde la cual esta llega a los demás (*«in alios transfunderetur»*)[132]. Esta naturaleza humana es inseparable de nuestra salvación, ya que «con la encarnación, todas las acciones salvíficas del Verbo de Dios, se hacen siempre en unión con la naturaleza humana que él ha asumido para la salvación de todos los hombres»[133]. A través de esa naturaleza humana asumida, el Hijo de Dios «se ha unido, en cierto modo, con todo hombre» y «con la entrega libérrima de su sangre nos mereció la vida»[134]. Por la gracia, los fieles se unen a Cristo y participan en su misterio pascual, de modo que pueden vivir una unión íntima y única con Él que san Pablo expresaba con estas palabras: «Pero no soy yo el que vive, es Cristo quien vive en mí» (Gál 2,20).

---

[131] ID, *Compendium theologiae,* I, n. 214.

[132] ID, *Quaestiones disputatae de Veritate,* q. 29, a. 5, co.

[133] CONGREGACIÓN PARA LA DOCTRINA DE LA FE, Declaración *Dominus Iesus* (6 de agosto de 2000), 10: AAS 92 (2000), 750-751; cf PAPA FRANCISCO, Carta enc. *Dilexit nos* (24 de octubre de 2024), 59-63: AAS 116 (2024), 1386-1387.

[134] CONC. ECUM. VAT. II, Cons. past. *Gaudium et spes,* 22: AAS 58 (1966), 1042-1043.

53. Ninguna persona humana, ni siquiera los apóstoles o la Santísima Virgen, puede actuar como dispensadora universal de la gracia. Solo Dios puede regalar la gracia[135] y lo hace por medio de la Humanidad de Cristo[136], ya que «la plenitud de gracia de Cristo *hombre* la tiene como unigénito del Padre»[137]. Aunque la Santísima Virgen María es preeminentemente «llena de gracia» y «Madre de Dios», ella, como nosotros, es hija adoptiva del Padre y también, como escribe el poeta Dante Alighieri, «hija de tu Hijo»[138]. Ella coopera en la economía de la salvación por una participación derivada y subordinada; por lo tanto, cualquier lenguaje sobre su «mediación» en la gracia debe entenderse en analogía remota con Cristo y su mediación única[139].

54. En la perfecta inmediatez entre un ser humano y Dios en la comunicación de la gracia, ni siquiera María puede intervenir. Ni la amis-

---

[135] Cf Sto. Tomás de Aquino, *Summa Theologiae*, I-II, q. 112, a. 1, co.

[136] Cf Id, *Super Ioannem*, cap. 1, v. 16, lectio 10; *Summa Theologiae*, I-II, q. 112, a. 1, ad 1.

[137] Id, *Compendium theologiae*, I, n. 214.

[138] Dante Alighieri, *Paradiso*, XXXIII, 1.

[139] Cf Conc. Ecum. Vat. II, Const. dogm. *Lumen gentium*, 60, 62: AAS 57 (1965), 62-63; Sto. Tomás de Aquino, *Summa Theologiae*, III, q. 26.

tad con Jesucristo ni la inhabitación trinitaria pueden concebirse como algo que nos llega a través de María o de los santos. En todo caso, lo que podemos decir es que María desea ese bien para nosotros y lo pide junto a nosotros. La liturgia, que es también *lex credendi,* nos permite reafirmar esta cooperación de María, no en la comunicación de la gracia sino en la intercesión materna. De hecho, en la liturgia de la Solemnidad de la Inmaculada Concepción, cuando se explica en qué sentido el privilegio concedido a María se hizo en vista del bien del Pueblo, se afirma que fue dispuesta como «abogada de gracia»[140], es decir, que intercede pidiendo para nosotros el don de la gracia.

55. Como enseña el concilio Vaticano II, «el influjo de la Santísima Virgen María en la salvación de los hombres [...] favorece y de ninguna manera impide la unión *inmediata* de los creyentes con Cristo»[141]. Por ese motivo, se debe evitar cualquier descripción que haga pensar, de un modo neoplatónico, en una espe-

---

[140] *Missale Romanum ex Sacrosancti Oecumenici Concilii Vaticani II instauratum auctoritate S. Pauli PP. VI promulgatum S. Ioannis Pauli PP. II cura recognitum,* editio typica tertia, Typis Vaticanis 2008, 879.

[141] CONC. ECUM. VAT. II, Const. dogm. *Lumen gentium,* 60: AAS 57 (1965), 62.

cie de derramamiento de la gracia por etapas, como si la gracia de Dios fuese descendiendo a través de distintos intermediarios –como María– mientras su fuente última (Dios) quedase desconectada de nuestro corazón. Estas interpretaciones afectan negativamente la adecuada comprensión del encuentro íntimo, directo e inmediato que la gracia realiza entre el Señor y el corazón del creyente[142]. El hecho es que solo Dios justifica[143]. Solo el Dios Trinidad. Solo Él nos eleva para superar la desproporción infinita que nos separa de la vida divina, solo Él actúa en nosotros su inhabitación trinitaria, solo Él se entraña en nosotros transformándonos y haciéndonos participar de su vida divina. No se honra a María atribuyéndole alguna mediación en la realización de esta obra exclusivamente divina.

El agua viva que fluye

56.   No obstante, dado que María está llena de gracia, y que el bien tiende siempre a comuni-

---

[142] Cf *Catecismo de la Iglesia Católica*, 2002.

[143] Cf STO. TOMÁS DE AQUINO, *Summa Theologiae*, I, q. 25, a. 3, ad 4. El *justificar*, como el *crear*, «puede ser hecho inmediatamente solo por Dios».

carse, fácilmente aparece la idea de una suerte de «desborde» de la gracia que tiene María, que solo podrá tener un sentido adecuado si no contradice cuanto dicho hasta ahora. No presenta dificultad si se trata, sobre todo, de las formas de cooperación que ya hemos mencionado (intercesión y cercanía materna que invitan a abrir el corazón a la gracia santificante) y que el concilio Vaticano II presentó como una cooperación variada por parte de la creatura «que participa de la única fuente»[144].

57. El carácter fundamentalmente dispositivo de la cooperación de los creyentes –principalmente de María– en la comunicación de la gracia, aparece plasmado en la interpretación tradicional de los «ríos de agua viva» que brotan del corazón de los creyentes (cf Jn 7,38). Aun siendo una imagen potente, que podría interpretarse como si los creyentes fueran canales de una transmisión perfectiva de la gracia santificante, sin embargo, los padres de la Iglesia, a la hora de concretar cómo se realiza esta efusión de los ríos del Espíritu, lo han plasmado en acciones de tipo dispositivo. Por

---

[144] Conc. Ecum. Vat. II, Const. dogm. *Lumen gentium*, 62: *AAS* 57 (1965), 63.

ejemplo, la predicación, la enseñanza y otras formas de transmisión del don de la Palabra revelada.

58. Orígenes lo aplica a la ciencia de las Escrituras o a la percepción de sus sentidos espirituales[145]. Para san Cirilo de Alejandría este desborde de aguas es la enseñanza de los misterios de la fe[146], la «pura mistagogía» en su sentido profundo, que no es meramente intelectual sino de disposición o preparación de toda la persona[147]. San Cirilo de Jerusalén sostiene que es la enseñanza de la Escritura cuando lleva a la luz[148]. San Juan Crisóstomo se refiere a la sabiduría de Esteban o a la autoridad de la palabra de Pedro[149]. San Ambrosio afirma: «Estos son los ríos que escuchan con sus oídos la Palabra de Dios, y hablan, para infundir la Palabra en los corazones de cada uno»[150], y lo aplica de esta manera: «Que el agua de la doctrina celestial fluya [...], que

---

[145] Cf Orígenes, *Hom. in Genesim*, XIII, 3-4: PG 12, 232B-234CD.
[146] Cf S. Cirilo de Alejandría, *Comm. in Ioannem*, II, 4, 13-14: PG 73, 300C.
[147] Cf Id, *Comm. in Isaiam*, V, II, 55, 1-2: PG 70, 1220A.
[148] Cf S. Cirilo de Jerusalén, *Catechesis mystagogica* XVI, 11: PG 33, 932C.
[149] Cf S. Juan Crisóstomo, *Hom. in Ioannem*, 51, 1: PG 59, 283.
[150] S. Ambrosio, *Explanatio Psalmorum* XII, Ps. 48, 4, 2: PL 14, 1157A.

la savia de la palabra del Señor impregne (rocíe)»[151] los corazones de cada uno[152]. También para san Jerónimo el agua es la enseñanza del Salvador[153], como para san Gregorio Magno, que enseña además que es «una voluntad piadosa para con el prójimo»[154]. Estas interpretaciones, de los ríos de agua viva que derraman los creyentes, se concentran en el conocimiento de las Escrituras y sus misterios, no se refieren, en general, a un conocimiento meramente intelectual, sino sapiencial y de iluminación del corazón para abrirse a la realidad misma de los Misterios.

59. En otros padres y doctores de la Iglesia encontramos, también, una explicación más amplia, donde se integran, además de la predicación o la catequesis, las obras que ofrecen ayuda al prójimo en sus necesidades, o un testimonio de amor. Así, san Hilario entiende los ríos de agua viva como las obras del Espíritu Santo a través de las virtudes que actúan para el beneficio del prójimo[155]. San Agustín lo

151 ID, *De Noe*, 19, 70: *PL* 14, 395A.
152 Cf ID, *Explanatio Psalmorum XII*, Ps. 48, 4, 2: *PL* 14, 1157A.
153 Cf S. JERÓNIMO, *Comm. in Zachariam*, III, 14, 8.9: *PL* 25, 1528 C.
154 S. GREGORIO MAGNO, *Hom. in Ezechielem*, I, 10, 6: *PL* 76, 888B.
155 Cf S. HILARIO, *Tractatus in Psalmos*, 64, 14: *PL* 9, 421B.

aplica a la «benevolencia, con la que se desea ayudar al prójimo»[156]. En la Edad media se continúa esta perspectiva que llega hasta santo Tomás de Aquino, para quien los ríos de agua viva se manifiestan porque, cuando alguien «se apresura a comunicar a otros diversos dones de la gracia que recibió de Dios, de su seno fluyen aguas vivas»[157].

60. Cuando santo Tomás habla de los «diversos dones de la gracia» para el servicio del prójimo, se refiere a los diversos dones carismáticos, porque «como se dice (1Cor 12,10), a uno se le da el don de lenguas, a otro el de curaciones, etc.»[158]. Este aspecto también está presente en san Cirilo de Jerusalén, quien indica que los ríos de agua del Espíritu, que se comunican a través de los creyentes, se manifiestan cuando «se sirve de la lengua de unos para el carisma de la sabiduría; ilustra la mente de otros con el don de la profecía; a este le concede poder para expulsar los demonios [...]. [El Espíritu] fortalece, en unos, la templanza; en otros, la misericordia;

---

[156] S. Agustín, *In Ioannis Evangelium*, 32, 4: PL 35, 1643D.
[157] Sto. Tomás de Aquino, *Super Ioannem*, cap. 7, lect. 5.
[158] *Ib*; cf id, *Summa Theologiae*, II-II, q. 178, a. 1, s. c.

a este enseña a practicar el ayuno y la vida ascética»[159].

61. Algo semejante podemos decir con respecto a la interpretación de Jn 14,12, referido a los creyentes que realizan «obras mayores» (*meizona*) que las del Cristo terreno. Los creyentes participan de la obra de Cristo en cuanto ellos también, de algún modo, provocan la fe de otros con el anuncio de la Palabra. Así se dice explícitamente en Jn 17,20b: «Los que crean en mí por la palabra de ellos». Esto mismo se sugiere en Jn 14,6-11, donde las obras de Cristo son las que manifiestan al Padre (v. 8). Las obras de los creyentes, concentradas en el anuncio del Evangelio por la palabra, se colocan en paralelismo con las obras de Cristo. Jesús anuncia: «Si habéis guardado mi palabra, también guardarán la vuestra» (Jn 15,20c). Y así como el que escucha la Palabra de Cristo tiene vida eterna (cf Jn 5,24), Jesús anuncia que otros creerán a través de la palabra de los creyentes (cf Jn 17,20). Sin embargo, esto implica no solo las palabras, sino también el testimonio elocuente de los

---

[159] S. Cirilo de Jerusalén, *Catechesis mystagogica* XVI, 12: *PG* 33, 933B.

creyentes, y por eso Jesús pide al Padre que los creyentes estén unidos para que «el mundo crea» (Jn 17,21).

Amor que se comunica en el mundo

62. El evangelio de Juan une estrechamente la caridad fraterna a esta comunicación del bien. En efecto, la afirmación «si me amáis, guardaréis mis mandamientos» (Jn 14,15), es paralela a «el que cree en mí, también él hará las obras que yo hago» (Jn 14,12). Cuando Cristo habla del fruto que espera de sus discípulos termina identificándolo con el amor fraterno (cf Jn 15,16-17). También san Pablo, tras hablar sobre las diversas obras extraordinarias que pueden realizar los creyentes (cf 1Cor 12), propone un camino más excelente cuando dice «ambicionad los carismas mayores *(ta meizona)*. Y aún os voy a mostrar un camino más excelente *(kath'hyperbolēn)*»: el amor (1Cor 12,31; cf 13,1). Las obras de amor al prójimo, aun el trabajo cotidiano o el empeño por cambiar este mundo, se convierten entonces en un canal de cooperación con la obra salvífica de Cristo.

63. En este sentido se han expresado también los últimos pontífices. San Juan XXIII enseñaba que «cuando el cristiano está unido espiritualmente al divino Redentor, al desplegar su actividad en las empresas temporales, su trabajo viene a ser como una continuación del de Jesucristo, del cual toma fuerza y virtud salvadora [...] extender a los demás los frutos de la redención»[160]. San Juan Pablo II entendía esta colaboración como reconstrucción, junto con Cristo, del bien que ha sido dañado en el mundo a causa de los pecados, porque «el Corazón de Cristo ha querido tener necesidad de nuestra colaboración para reconstruir el bien y la belleza», y «esta es la verdadera reparación pedida por el Corazón del Salvador»[161]. El papa Benedicto XVI sostenía que «los hombres, destinatarios del amor de Dios, se convierten en sujetos de caridad, llamados a hacerse ellos mismos instrumentos de la gracia para difundir la caridad de Dios y para tejer lazos de caridad. La doctrina social de la Iglesia responde a esta dinámica de caridad

---

[160] S. Juan XXIII, Carta enc. *Mater et Magistra* (15 de mayo de 1961): AAS 53 (1961), 462.

[161] S. Juan Pablo II, *Carta al prepósito general de la Compañía de Jesús, Paray-le-Monial* (5 de octubre de 1986): L'Osservatore Romano, 6 de octubre de 1986, 7; citado por Papa Francisco, Carta enc. *Dilexit nos* (24 de octubre de 2024), 182: AAS 116 (2024), 1427.

recibida y ofrecida»[162]. Y el papa Francisco enseñó que, para santa Teresa del Niño Jesús, «no se trata solo de permitir que el Corazón de Cristo extienda la belleza de su amor en el propio corazón, a través de una confianza total, sino también que a través de la propia vida llegue a los demás y transforme el mundo [...] y se convierte en actos de amor fraterno con los cuales curamos las heridas de la Iglesia y del mundo. De ese modo ofrecemos nuevas expresiones al poder restaurador del Corazón de Cristo»[163].

64. Esta es la cooperación posibilitada por Cristo y suscitada por la acción del Espíritu que, en el caso de María, se distingue de la cooperación de cualquier otro ser humano por el carácter materno que Cristo mismo le atribuyó en la cruz.

Criterios

65. Cualquier otro modo de comprender esta cooperación de María en el orden de la gracia,

---

[162] BENEDICTO XVI, Carta enc. *Caritas in veritate* (29 de junio de 2009), 5: *AAS* 101 (2009), 643.
[163] PAPA FRANCISCO, Carta enc. *Dilexit nos* (24 de octubre de 2024), 198, 200: *AAS* 116 (2024), 1432.

especialmente si se pretende atribuir a María alguna forma de intervención o de instrumentalidad perfectiva o de causalidad segunda en la comunicación de la gracia santificante[164], debería prestar especial atención a algunos criterios ya insinuados en la constitución dogmática *Lumen gentium*:

a) Debemos reflexionar cómo María favorece nuestra unión «inmediata»[165] con el Señor, que Él mismo produce al conferir la gracia, y que solo de Dios podemos recibir[166], pero sin entender la unión con María como más inmediata que la de Cristo. Este riesgo está presente, sobre todo, en la idea de que Cristo nos entrega a María como un instrumento o causa segunda perfectiva en la comunicación de su gracia.

---

[164] Cf STO. TOMÁS DE AQUINO, *Summa Theologiae*, I-II, q. 5, a. 6, co. y ad 1; ID, *Quaestiones disputatae de Veritate*, q. 27, a. 3, s.c. 5. Los argumentos que usaba santo Tomás de Aquino para explicar por qué ninguna criatura puede conferir la gracia, sino solamente Dios, no pueden considerarse superados, ni al interno de su propia obra ni posteriormente.

[165] CONC. ECUM. VAT. II, Const. dogm. *Lumen gentium*, 60: AAS 57 (1965), 62; cf STO. TOMÁS DE AQUINO, *Summa Theologiae*, I, q. 25, art. 3, ad 4; ID, *Scriptum super Sententiis*, II, d. 26, q. 1, a. 2, co; *ib*, IV, d. 5, q. 1, a. 3, qc. 1, ad 1.

[166] Cf ID, *Quaestiones disputatae de Veritate*, q. 27, a. 3, s. c. 5. Una vez más recordamos que: «Sed mentem, in qua est gratia, nulla creatura illabitur».

b) El concilio Vaticano II ha remarcado que «todo el influjo salvífico de la Santísima Virgen sobre los hombres no dimana de una necesidad ineludible, sino del divino beneplácito»[167]. Este influjo solo puede pensarse desde la libre decisión de Dios quien, aunque su propia acción es desbordante y sobreabundante, quiere asociarla libre y gratuitamente a su obra. Por eso no es lícito presentar la acción de María como si Él la necesitara para obrar la salvación.

c) Debemos entender la mediación de María no como un complemento para que Dios pueda obrar plenamente, con mayor riqueza y hermosura, sino «de tal manera que no quite ni añada nada a la dignidad y a la eficacia de Cristo, único Mediador»[168]. Al explicar la mediación de María se debe resaltar que Dios es el único Salvador, que aplica exclusivamente los méritos de Jesucristo, los únicos necesarios y completamente suficientes para nuestra justificación. María no reemplaza al Señor en algo que Él no haga (no quita ni añade). Si en la comunicación de la gracia ella no añade nada

---

[167] CONC. ECUM. VAT. II, Const. dogm. *Lumen gentium*, 60: AAS 57 (1965), 62.

[168] *Ib*, 62: AAS 57 (1965), 63.

a la mediación salvífica de Cristo, no debe pensarse en María como instrumento primario de esa donación[169]. Si ella acompaña una acción de Cristo, por obra del mismo Cristo, de ningún modo debe entenderse como paralela. Más bien, siendo asociada a Él es María la que recibe de su Hijo un regalo que la sitúa más allá de ella misma, porque se le concede acompañar la obra del Señor con su carácter materno. Volvemos entonces al punto más seguro: la contribución *dispositiva* de María donde sí puede pensarse en una acción en la que ella aporta algo propio en cuanto «pueda disponer de algún modo»[170] a otros. Porque «pertenece a la potencia suprema el conducir al fin último, mientras que las potencias inferiores ayudan a la consecución de este fin *disponiendo*»[171].

66. Todo lo anteriormente dicho no ofende ni humilla a María, porque todo su ser está referido a su Señor. «Proclama mi alma la grandeza del Señor» (Lc 1,46). Para ella no

---

[169] Cf STO. TOMÁS DE AQUINO, *Summa contra gentiles,* lib. 2, cap. 21, n. 7. Un instrumento contribuye con algo propio: «Omne agens instrumentale exequitur actionem principalis agentis per aliquam actionem propriam et connaturalem sibi».

[170] *Ib,* lib. 3, cap. 147, n. 6; cf ID, *Summa Theologiae,* I, q. 45, a. 5, co.

[171] ID, *Summa Theologiae,* I-II, q. 5, a. 6, ad 1.

hay otra gloria que la de Dios. Siendo Madre, redobla su gozo viendo cómo Cristo manifiesta la belleza inagotable y sobreabundante de su gloria sanando, transformando y llenando de sí los corazones de esos hijos *a los que ella ha acompañado en su camino hacia el Señor.* Por lo tanto, una mirada dirigida a ella que nos distraiga de Cristo, o la ponga al mismo nivel del Hijo de Dios, quedaría fuera de la dinámica propia de una fe auténticamente mariana.

Las gracias

67. Algunos títulos, como por ejemplo el de *Mediadora de todas las gracias,* tienen límites que no facilitan la correcta comprensión del lugar único de María. De hecho, ella, la primera redimida, no puede haber sido mediadora de la gracia recibida por ella misma. Este no es un detalle menor, porque manifiesta algo central: que también en ella el don de la gracia la precede y procede de la iniciativa absolutamente gratuita de la Trinidad, en atención a los méritos de Cristo. Ella, como todos nosotros, no ha merecido su justificación por alguna acción

suya precedente[172], pero tampoco por alguna acción posterior[173]. También para María, la amistad con Dios por la gracia será siempre gratuita. Su figura preciosa es testimonio supremo de la receptividad creyente de quien, más y mejor que nadie, se abrió con docilidad y plena confianza a la obra de Cristo, y al mismo tiempo es el mejor signo de la potencia transformadora de esa gracia.

68. Por otro lado, el título antes mencionado corre el peligro de ver la gracia divina como si María se convirtiera en una distribuidora de bienes o energías espirituales en desconexión con nuestra relación personal con Jesucristo. Sin embargo, la expresión «gracias», referida a la materna ayuda de María en distintos momentos de la vida, puede tener un sentido aceptable. El plural expresa todos los auxilios, aun materiales, que el Señor puede regalarnos escuchando la intercesión de la Madre; auxilios que, a su vez, disponen los corazones para

---

[172] Cf CONC. ECUM. DE TRENTO, *Sessio* VI. *Decretum de iustificatione*, 8: DH 1532.

[173] Cf STO. TOMÁS DE AQUINO, *Summa Theologiae*, I-II, q. 114, a. 5, co.: «El hombre que ya está en gracia, no es posible que merezca la gracia que ya tiene». Si bien el justificado puede merecer un crecimiento en la vida de la gracia, el hecho de estar justificado, de ser amigo de Dios por la gracia, será siempre absolutamente gratuito.

abrirse al amor de Dios. De este modo María, como madre, tiene una presencia en la vida cotidiana de los fieles muy superior a la cercanía que pueda tener cualquier otro santo.

69. Ella, con su intercesión, puede implorar para nosotros los impulsos internos del Espíritu Santo que llamamos «gracias actuales». Se trata de aquellos auxilios del Espíritu Santo que operan también en los pecadores para disponerlos a la justificación[174], y también en los ya justificados por la gracia santificante, para estimularlos al crecimiento. En este sentido preciso debe interpretarse el título de «Madre de la gracia». Ella humildemente colabora para que abramos el corazón al Señor, que es el único que puede justificarnos con la acción de la gracia santificante, es decir, cuando Él derrama en nosotros su vida trinitaria, habita en nosotros como amigo y nos hace partícipes de su vida divina. Esto es exclusivamente obra del mismo Señor, pero no excluye que, a través

---

[174] Aquello que santo Tomás de Aquino llama «disposición final», simultánea al derramamiento de la gracia santificante, es obra inmediata de la misma gracia. Se trata de «la disposición final, a la que necesariamente sigue la forma»: STO. TOMÁS DE AQUINO, *Sententia Metaphysicae*, lib. 5, lect. 2, n. 5; cf ID, *Scriptum super Sententiis*, I, d. 17, q. 2, a. 3, co.; *Summa contra gentiles*, lib. 2, cap. 19, n. 6; *Compendium theologiae*, I, n. 105.

de la acción materna de María, puedan llegar a los fieles aquellas palabras, imágenes y estímulos diversos que les ayuden a seguir adelante en la vida, a disponer el corazón para la gracia que el Señor infunde o a crecer en la vida de la gracia, recibida gratuitamente.

70. Estas ayudas que nos llegan del Señor se nos presentan con un aspecto materno, cargadas de la ternura y de la cercanía de la Madre que Jesús ha querido compartir con nosotros (cf Jn 19,25-28). María desarrolla así una acción singular para ayudarnos a abrir el corazón a Cristo y a su gracia santificante que eleva y sana. Cuando ella se comunica haciendo llegar diversas «mociones», estas deben entenderse siempre como estímulos para abrir nuestras vidas al Único que obra en lo más íntimo de nuestro ser.

Nuestra unión con María

71. El Concilio prefirió llamar a María «*Madre en el orden de la gracia*»[175], que expresa mejor

---

[175] CONC. ECUM. VAT. II, Const. dogm. *Lumen gentium*, 61: *AAS* 57 (1965), 63.

la universalidad de la cooperación materna de María y que es innegable en un sentido preciso: ella es la Madre de Cristo, que es la Gracia por excelencia y el Autor de toda gracia.

72. Esta maternidad de María *en el orden de la gracia* –que brota del misterio pascual de Cristo– implica también que cada discípulo establece con María «una relación única e irrepetible». San Juan Pablo II hablaba de una «dimensión mariana de la vida de los discípulos de Cristo», que se expresa como «respuesta al amor de una persona y, en concreto, al amor de la madre»[176]. La vida de la gracia incluye nuestra relación con la Madre. La unión con Cristo por la gracia nos une al mismo tiempo a María en una relación hecha de confianza, ternura y afecto sin reservas.

La primera discípula

73. Ella es «la primera discípula, la que ha aprendido mejor las cosas de Jesús»[177]. María es

[176] S. Juan Pablo II, Carta enc. *Redemptoris Mater* (25 de marzo de 1987), 45: *AAS* 79 (1987), 422-423.
[177] Papa Francisco, *Audiencia general* (18 de noviembre de 2020): *L'Osservatore Romano*, 18 de noviembre de 2020, 11.

la primera de aquellos que «oyendo la Palabra de Dios, la cumplen» (Lc 11,28); es la primera en colocarse entre los humildes y pobres del Señor para enseñarnos a esperar y recibir, con confianza, la salvación que solo viene de Dios. María «se convertía así, *en cierto sentido, en la primera "discípula" de su Hijo,* la primera a la cual parecía decir: "Sígueme" antes aún de dirigir esa llamada a los apóstoles o a cualquier otra persona (cf Jn 1,43)»[178]. Ella es modelo de fe y caridad para la Iglesia por su obediencia a la voluntad del Padre, su cooperación a la obra redentora de su Hijo y su apertura a la acción del Espíritu Santo[179]. Por eso dijo san Agustín que «más es para María ser discípula de Cristo que haber sido madre de Cristo»[180]. Y el papa Francisco insistió en que «es más discípula que madre»[181]. María es, en definitiva, «la primera y la más perfecta discípula de Cristo»[182].

---

[178] S. Juan Pablo II, Carta enc. *Redemptoris Mater* (25 de marzo de 1987), 20: *AAS* 79 (1987), 387.

[179] Cf Conc. Ecum. Vat. II, Const. dogm. *Lumen gentium,* 53: *AAS* 57 (1965), 58-59.

[180] S. Agustín, *Sermo* 72/A, 7: *CCSL* 41Ab, 117.

[181] Papa Francisco, *Audiencia general* (24 de marzo de 2021): *L'Osservatore Romano,* 24 de marzo de 2021, 8.

[182] S. Pablo VI, Exhort. ap. *Marialis cultus* (2 de febrero de 1974), 35: *AAS* 66 (1974), 147.

74. María es, para todo cristiano, «la primera que "ha creído", y precisamente con esta fe suya de esposa y de madre quiere actuar sobre todos los que se entregan a ella como hijos»[183]. Y lo hace con un cariño lleno de signos de cercanía que les ayudan a crecer en la vida espiritual, enseñándoles a dejar que la gracia de Cristo actúe más y más. En esta relación de afecto y confianza, ella, que es la «llena de gracia», enseña a cada cristiano a recibir la gracia, a conservar la gracia recibida y a meditar la obra que Dios está haciendo en sus vidas (cf Lc 2,19).

75. En el caso de presuntos fenómenos sobrenaturales, que hayan recibido un juicio positivo por parte de la Iglesia, donde aparezcan algunas de las expresiones o títulos como los anteriormente citados se tendrá en cuenta que «en el caso que se conceda por parte del Dicasterio un *Nihil obstat* [...], tales fenómenos no se convierten en objeto de fe –es decir, los fieles no están obligados a darles un asentimiento de fe»[184].

---

[183] S. Juan Pablo II, Carta enc. *Redemptoris Mater* (25 de marzo de 1987), 46: AAS 79 (1987), 424.

[184] Dicasterio para la Doctrina de la Fe, *Normas para proceder en el discernimiento de presuntos fenómenos sobrenaturales* (17 de mayo de 2024), 12: AAS 116 (2024), 782.

Madre del Pueblo fiel

76. «María, la primera discípula, es la Madre»[185]. En la cruz, Cristo nos entrega a María, y así «Él nos lleva a ella, porque no quiere que caminemos sin una madre»[186]. Ella es la Madre creyente que se ha vuelto «Madre de todos los creyentes»[187], y al mismo tiempo es «la Madre de la Iglesia evangelizadora»[188], que nos acoge así como ha querido convocarnos Dios, no solo como individuos aislados sino como Pueblo que camina[189]: «Nuestra Madre María siempre quiere caminar con nosotros, estar cerca, ayudarnos con su intercesión y su

---

[185] PAPA FRANCISCO, *Audiencia general* (16 de febrero de 2022): *L'Osservatore Romano,* 16 de febrero de 2022, 2.

[186] ID, Exhort. ap. *Evangelii gaudium* (24 de noviembre de 2013), 285: *AAS* 105 (2013), 1134-1135.

[187] BENEDICTO XVI, Carta enc. *Deus caritas est* (25 de diciembre de 2005), 42: *AAS* 98 (2006), 252.

[188] PAPA FRANCISCO, Exhort. ap. *Evangelii gaudium* (24 de noviembre de 2013), 284: *AAS* 105 (2013), 1134.

[189] Cf *ib*, 113: *AAS* 105 (2013), 1067.

amor»[190]. Ella es la Madre del Pueblo fiel, que «camina en medio de su pueblo, movida por una ternura amorosa, y asume sus angustias y vicisitudes»[191].

El amor se detiene, contempla el misterio, disfruta en silencio

77. El Pueblo fiel no se aleja de Cristo, ni del Evangelio, cuando se acerca a ella, sino que es capaz de leer «en esa imagen materna todos los misterios del Evangelio»[192]. Porque en ese rostro materno ve reflejado al Señor que nos busca (cf Lc 15,4-8), que viene a nuestro encuentro con los brazos abiertos (cf Lc 15,20), que se detiene frente a nosotros (cf Lc 18,40), que se inclina y nos levanta contra su mejilla (cf Os 11,4), que nos mira con amor (cf Mc 10,21) y que no nos condena (cf Jn 8,11; Os 11,9). En su rostro materno muchos pobres reconocen al Señor que «derriba

[190] LEÓN XIV, *Primera Bendición Apostólica «Urbi et Orbi»* (8 de mayo de 2025): *L'Osservatore Romano,* 9 de mayo de 2025, 3.

[191] PAPA FRANCISCO, *Mensaje para la XXXVII Jornada Mundial de la Juventud* (15 de agosto de 2022): *AAS* 114 (2022), 1255.

[192] ID, Exhort. ap. *Evangelii gaudium* (24 de noviembre de 2013), 285: *AAS* 105 (2013), 1135.

del trono a los poderosos y enaltece a los humildes» (Lc 1,52). Ese rostro de mujer canta el misterio de la Encarnación. En ese rostro de la Madre, traspasada por la espada (cf Lc 2,35), el Pueblo de Dios reconoce el misterio de la cruz, y en ese mismo rostro, bañado por la luz pascual, percibe que Cristo está vivo. Y ella, la que recibió el Espíritu Santo en plenitud, es quien sostiene a los apóstoles en oración en el cenáculo (cf He 1,14). Por eso podemos decir que, «en cierto modo la fe de María, sobre la base del testimonio apostólico de la Iglesia, se convierte sin cesar en la fe del pueblo de Dios en camino»[193].

78. Como decían los obispos latinoamericanos, los pobres «encuentran la ternura y el amor de Dios en el rostro de María. En ella ven reflejado el mensaje esencial del Evangelio»[194]. El Pueblo simple y pobre no separa a la Madre gloriosa de la María de Nazaret, que encontramos en los evangelios. Al contrario, reconoce la sencillez detrás de

_____

[193] S. JUAN PABLO II, Carta enc. *Redemptoris Mater* (25 de marzo de 1987), 28: AAS 79 (1987), 398.

[194] CONSEJO EPISCOPAL LATINOAMERICANO, *V Conferencia General del Episcopado Latinoamericano y del Caribe* (Aparecida, 13-31 de mayo de 2007), 265.

la gloria, y sabe que María no ha dejado de ser una de ellas. Es la que, como cualquier madre, llevó en el vientre a su hijo, le dio de mamar, lo crio con cariño con la ayuda de san José, y no le faltaron los sobresaltos y las dudas de la maternidad (cf Lc 2,48-50). Es la que canta al Dios que «a los hambrientos los colma de bienes y a los ricos los despide vacíos» (Lc 1,53), que sufre con los novios que se quedan sin vino para su fiesta (cf Jn 2,3), que sabe correr para dar una mano a su prima que la necesita (cf Lc 1,39-40), que se deja lastimar, como atravesada por una espada, a causa de la historia de su pueblo, donde su hijo es «signo de contradicción» (Lc 2,34), que comprende lo que es ser migrante o exiliado (cf Mt 2,13-15), que en su pobreza solo puede ofrecer dos pichones de paloma (cf Lc 2,24) y que sabe lo que es ser despreciada por ser de la familia del pobre carpintero (cf Mc 6,3-4). Los pueblos sufrientes reconocen a María caminando codo a codo con ellos y por eso buscan a su Madre para implorar su ayuda[195].

---

[195] Cf S. Juan Pablo II, Carta enc. *Redemptoris Mater* (25 de marzo de 1987), 35: *AAS* 79 (1987), 407.

79. La cercanía de la Madre produce una piedad mariana «popular», que tiene expresiones diversas en los distintos pueblos. Los variados rostros de María –coreano, mexicano, congoleño, italiano y tantos otros– son formas de inculturación del Evangelio que reflejan, en cada lugar de la tierra, «la ternura paterna de Dios»[196] que llega hasta las entrañas de nuestros pueblos.

80. Contemplemos la fe del Pueblo de Dios, donde multitudes de hermanos creyentes reconocen espontáneamente a María como Madre, tal como Cristo mismo nos propuso en la cruz. Al Pueblo de Dios le gusta peregrinar a los diferentes santuarios marianos, donde encuentra consuelo y fortaleza para salir adelante, como quien, en medio del cansancio y el dolor, recibe la caricia de su Madre. La Conferencia de Aparecida supo expresar con claridad y belleza el hondo valor teologal de esta experiencia. Nada mejor que terminar esta *Nota* con esas palabras:

---

[196] PAPA FRANCISCO, *Homilía en la Solemnidad de Santa María, Madre de Dios* (1 de enero de 2024): *AAS* 116 (2024), 20.

«Destacamos las peregrinaciones, donde se puede reconocer al Pueblo de Dios en camino. Allí, el creyente celebra el gozo de sentirse inmerso en medio de tantos hermanos, caminando juntos hacia Dios que los espera. Cristo mismo se hace peregrino, y camina resucitado entre los pobres. La decisión de partir hacia el santuario ya es una confesión de fe, el caminar es un verdadero canto de esperanza, y la llegada es un encuentro de amor. La mirada del peregrino se deposita sobre una imagen que simboliza la ternura y la cercanía de Dios. El amor se detiene, contempla el misterio, lo disfruta en silencio. También se conmueve, derramando toda la carga de su dolor y de sus sueños. La súplica sincera, que fluye confiadamente, es la mejor expresión de un corazón que ha renunciado a la autosuficiencia, reconociendo que solo nada puede. Un breve instante condensa una viva experiencia espiritual»[197].

Madre del Pueblo fiel, ruega por nosotros.

El Sumo Pontífice León XIV, el día 7 de octubre de 2025, Memoria Litúrgica de la Santísima Vir-

---

[197] Consejo Episcopal Latinoamericano, *V Conferencia General del Episcopado Latinoamericano y del Caribe* (Aparecida, 13-31 de mayo de 2007), 259.

gen del Rosario, ha aprobado la presente Nota, *deliberada en la Sesión Ordinaria de este Dicasterio, con fecha 26 de marzo de 2025, y ha ordenado su publicación.*

Dado en Roma, en la sede del Dicasterio para la Doctrina de la Fe, el 4 de noviembre de 2025, Memoria Litúrgica de san Carlos Borromeo.

Víctor Manuel Card. Fernández
Prefecto

Mons. Armando Matteo
Secretario para la Sección Doctrinal

Leo P.P. XIV

7 de octubre de 2025

Índice